엄마가 변했어요

국제PEN한국본부 창립70주년기념 산문선집 06

안경환 수필집

International PEN-Korea Center pen

교음사

국제PEN헌장

국제PEN은 국제PEN대회 결의에 따라 다음과 같이 헌장을 선포한다.

1. 문학은 각 민족과 국가 단위로 이루어지나, 그 자체는 국경을 초월하여 그 어떤 상황 변화 속에서도 국가 간의 상호 교류를 유지해야 한다.
2. 예술 작품은 인간의 보편성에 바탕을 두고 길이 전승되는 재산이므로 국가적 또는 정치적 권력으로부터 간섭을 받아서는 안 된다.
3. 국제PEN은 인류 공영을 위해 최대한의 영향력을 발휘해야 하며 종족, 계급 그리고 민족 간의 갈등을 타파하는 동시에 전 세계 인류가 평화롭게 살아갈 수 있다는 이상을 실현하기 위하여 최선을 다해야 한다.
4. 국제PEN은 한 국가 안에서나 또는 세계 여러 나라에서 사상의 교류가 상호 방해 받지 않는다는 원칙을 준수하며, PEN 회원들은 각자 국가나 지역사회에서 어떤 형태로든 표현의 자유를 억압하는 데 반대할 것을 선언한다. 또한, PEN은 출판 및 언론의 자유를 주창하며 평화시의 부당한 검열을 거부한다. 아울러 PEN은 정치와 경제의 올바른 질서를 지향하기 위해 정부, 행정기관, 제도권에 대한 자유로운 비판이 필수적이고 긴요하다는 사실을 확신한다. 이와 함께 PEN 회원들은 출판 및 언론 자유의 오용을 배격하며, 특정 정치 세력이나 개인의 부당한 목적을 위해 사실을 왜곡하는 언론 자유의 해악을 경계한다.

   이러한 목적에 동의하는 모든 자격 있는 작가들, 편집자들, 번역가들은 그들의 국적, 언어, 종족, 피부 색깔 또는 종교에 관계없이 어느 누구라도 PEN 회원이 될 수 있다.

국제PEN한국본부 연혁

국제PEN본부는 1921년에 창립되어 2022년 3월 현재 145개국 154개 센터가 회원으로 가입돼 있는 세계적인 문학단체이다. 국제PEN본부는 영국 런던에 본부를 두고 있으며 특히 UN 인권위원회와 유네스코 자문기구로 현재 전 세계 문인, 번역가, 편집인, 언론인들의 표현의 자유를 옹호하고 인권 문제를 다루고 있는 단체이다.

한국PEN은 1954년 9월 15일 변영로·주요섭·모윤숙·이헌구·김광섭·이무영·백철 선생 등이 발기하여 같은 해 10월 23일 당시 서울 소공동 소재 서울대학교 치과대학 강당에서 창립총회를 열고 국제펜클럽한국본부로 공식 출범하였다. 국제펜클럽한국본부는 그 이듬해인 1955년 6월 비엔나에서 열린 제27차 세계대회에서 정식회원국으로 가입하고 그해 7월에 인준을 받아 오늘에 이르렀으며 2022년 3월 현재 회원 수는 4,000여 명이다.

사)국제PEN한국본부(International PEN Korea Center)는 역사와 권위를 자랑하는 국제적 문학단체로서 회원들의 양심과 소신에 따른 저항권과 표현의 자유를 옹호하고 구속 작가들의 인권문제를 다루며 한국의 우수 문학작품을 번역, 세계 각국에 널리 알리고 우리 민족의 고유문화와 전통문화 등을 해외에 소개하는 한편 세계 각국과 문화 교류 및 친선을 도모하는 데 주도적 역할을 담당하고 있다.

1954. 10. 23.	국제펜클럽한국본부 창립
1955.	제27차 국제PEN비엔나대회에서 회원국 가입
	『The Korean PEN』 영문판 및 불어판 창간
1958.	국내 최초 번역문학상 제정
1964.	PEN 아시아 작가기금 지급(1970년 제6차까지)
1970.	제37차 국제PEN서울대회 개최(60개국 참가)
1975.	『PEN뉴스』 창간. 이후 『PEN문학』으로 제호 변경
1978.	한국PEN문학상 제정
1988.	제52차 국제PEN서울대회 개최
1994.	제1회 국제문학심포지엄 개최
1996.	영문계간지 『KOREAN LITERATURE TODAY』 창간
2001.	전국 각 시도 및 미주 등에 지역위원회 설치
2012. 9.	제78차 국제PEN경주대회 개최
2015. 9.	제1회 세계한글작가대회 개최
2016. 9.	제2회 세계한글작가대회 개최
2017. 9.	제3회 세계한글작가대회 개최
2018. 11. 6~9.	제4회 세계한글작가대회 개최
2018. 8. 22.	정관개정에 의해 국제PEN한국본부로 개명
2019. 2.	PEN번역원 창립
2019. 11. 12~15.	제5회 세계한글작가대회 개최
2020. 10. 20~22.	제6회 세계한글작가대회 개최
2021. 11. 2~4.	제7회 세계한글작가대회 개최
2022. 11. 1~4.	제8회 세계한글작가대회 개최

국제PEN한국본부 창립 70주년 기념 선집을 발간하며

국제PEN한국본부는 1954년에 창립되고 이듬해인 1955년 6월 오스트리아의 빈에서 열린 제27차 국제PEN세계대회에서 회원국으로 가입되었다. 초대 이사장은 변영로 선생이 맡고 창립을 주선했던 모윤숙 시인이 부이사장을 맡았다. 이하윤, 김광섭, 피천득, 이한구 등과 함께 창립의 중심 역할을 했던 주요섭이 사무국장을 맡았다.

6·25한국전쟁이 휴전된 지 겨우 1년이 되는 시점에 이루어 낸 국제PEN한국본부의 창립은 매우 깊은 의미를 담는 거사였다. 그동안 국제PEN한국본부는 세 차례의 국제PEN대회와 8회의 세계한글작가대회를 개최하며 수많은 국내외 행사를 주최해 왔다. 이에 내년 2024년에는 창립 70주년을 맞이하게 되어 그 기념사업의 일환으로 PEN 회원들의 작품 선집을 발간하기로 하였다.

여러 가지 기념사업을 진행하지만 회원들의 주옥같은 작품집을 선집으로 집대성하여 남기는 일은 가장 중요하고 의미 있는 일이라 생각한다.

시와 산문으로 구성되는 선집은 우리 한국문학사의 중요한 족적을 남기는 귀중한 역사 자료로서의 가치를 갖게 되리라고 믿으며 겸허한 마음으로 70주년을 자축하는 주요 사업으로 진행하게 된다.

참여해 주신 회원들께 감사하며 어려운 여건 속에서도 기꺼이 출판을 맡아 준 기획출판 오름의 김태웅 대표와 도서출판 교음사 강병욱 대표에게 심심한 감사를 드린다.

2023년 3월

국제PEN한국본부 이사장 김용재

pen
INTERNATIONAL

책을 내며

칠순이 남의 일인 줄 알았는데 어느덧 70돌이 되었습니다.
심오함도, 달관도 아닌 어쩌다 칠십, 어색했던 할머니 소리도
자연스러운 일상이 되었습니다.
1집 『못 말리는 가족』을 보고 격려해 주시고 아낌없는
성원을 주신 덕분에 용기를 내어 2번째 글을 세상에 내놓으니
형용할 수 없는 감정으로 가슴이 벅차오릅니다.
소소한 일상이 모여 살아온
삶을 반추하는 글로 저의 일흔을 보여 드립니다.
이번 2집은 국제PEN한국본부 창립70주년기념 산문선집으로
발간하는 기회가 주어져 더 없이 감사한 마음입니다.
저의 멘토이자 글밭으로 이끌어 주신 오경자 교수님,
창작지원금으로 책을 내는 데 큰 도움을 주신 이민호 선생님,
강병욱 대표님, 류진 편집장님 너무 감사드립니다.
내가 사랑하고 사랑해 주시는 모든 이에게 이 글을 바칩니다.

2023년 8월

저자 안경환

차례

3. 내 생애 값진 날

4. 아! 풀꽃 만남

1

추억 소환

아름다운 사람들

오전 11시에 예식이니 늦어도 10시 전에는 출발해야 한다. 남동생 딸이 결혼하는 날이다. 결혼 날을 받아놓았다고 조카는 추석 전날 청첩장을 가지고 신랑감과 같이 와서 인사를 하고 갔는데 벌써 그날이 다가왔다. 서둘러 준비를 했지만 시간이 빠듯하다. 1박 2일 묵을 옷도 챙겨야 하고 전날 약속한 딸기잼도 챙겨야 한다.

농장에 가서 유기농 수제 딸기잼을 만들어 왔다는 내 페이스북에 올린 글을 보고 둘째한테서 전화가 왔다. 아이들이 외할머니가 만든 딸기잼을 잘 먹는다고 딸기잼을 줄 수 있느냐고 했다. 내가 안 먹어도 좋으니 주고 싶은 게 엄마 마음이다. 남편에게 딸기잼과 함께 싸달라고 말랑말랑한 대봉감 몇 개를 꺼내 놓으니 두꺼운 종이로 한 개씩 포장하고 접착테이프로 칭칭 동여매어 홍시 모양이

화상 입은 얼굴에 붕대를 맨 형상으로도 보였고 미라처럼도 보였다.

팬데믹이 우리나라도 완화 조짐을 보이면서 예식장 입장 인원 제한도 조금은 자유로워졌다. 동생은 고향 대구에 살고 있는데 예식을 서울에서 하게 되니 하객들을 위해 관광버스도 한 대 대절했다. 예식장이 붐비면서 잔칫집 분위기도 살아났다. 우리 5남매 부부와 자식들, 일가친척들이 반가운 해후를 했다. 꽃 같은 신부와 늠름한 신랑의 자태는 최고였다. 신부 아버지는 성혼 선언문을 낭독했고 신랑 아버지는 주례 대신 덕담을 했다. 마지막 멘트는 며느리에게 홈런을 치라고 했다. 프로야구선수의 아버지다웠다. 결혼식장은 웃음과 함께 우레와 같은 박수가 쏟아졌다.

신랑 신부와 젊은 사람들은 양재동 큰딸 카페에서 뒤풀이를 하고 어른들은 양평에 미리 잡아놓은 펜션으로 향했다. 우리 차는 내비게이션 오작동으로 길을 잘못 들어 강원도 산길을 가고 있었다. 투덜대면서 유턴을 하여 되돌아오느라 두 배의 시간을 소모했다. 그래도 그 덕분에 단풍 구경은 원 없이 하였다.

온수 풀장이 딸린 산속 독채 펜션은 아담했고 알맞게 난방이 된 따끈한 방들과 구스타프 클림트 그림이 걸린 실내는 아늑했다. 먹거리를 사서 뒤따라 동생이 왔다. 4남매 8명은 바비큐 파티를 하고 회를 먹었다. 창밖에는 낙엽이 화르르 화르르 떨어지고 있었다. 마침 오늘의 신부인 조카 엄마(올케)의 생일이 겹쳤다. 예식 때 신랑 신부가 깜짝 이벤트로 선물한 케이크를 가져와서

뒤풀이용으로 케이크 커팅을 하고 축하송도 불렀다. 바비큐장을 떠나 실내로 옮긴 우리들은 각자 가지고 있는 추억은 달랐지만, 이야기는 끝없이 이어졌다. 낙엽은 떨어져 쌓이고 깊어가는 밤에 예고 없는 비가 내리기 시작했다. 비를 좋아하는 팀과 비라면 고개를 흔드는 팀이 갈렸다. 남편과 한 덩치 하는 바로 아래 동생이 비 구경한다고 나랑 함께 현관문 밖에 섰다. 낙엽과 섞여 떨어지는 빗소리를 들으며 가만가만 「시월의 마지막 밤」 노래를 불렀다. 펜션은 막냇동생 내외가 잡았고 지금 우리는 정말 행복하다고 하면서 유쾌한 대화만 골라 했고 신경써야 할 대화는 피해갔다. 형제간에 약간 껄끄럽던 관계는 묻어 두기로 했다. 오늘의 만남으로 화해하는 쪽으로 가닥을 잡았다.

몸은 나이가 들어가도 아무런 언쟁 없이 평화롭다고 생각되는 아름다운 사람들이다.

결혼식 다음 날 신혼여행을 간다는 조카는 호텔로 가는 택시 안에서 계속 전화를 했다. '엄마 아빠 감사합니다, 사랑합니다.'를 연발했고 하나뿐인 우리 고모(나)한테 잘해주라고 신신당부를 하는 거였다. 그 말 한마디가 얼마나 예쁘던지 '행복하게 잘 살아야 해'라는 소리가 저절로 나왔다.

우리 아이들도 같은 서울 하늘 아래 가깝게 살지만, 서로가 바쁘다 보니 자주 만나기가 쉽지 않다. 예식이 끝나고 먼저 집에 간다는 딸에게 남편은 딸기잼이 담긴 쇼핑백을 주차장에서 전해 주고 왔다. 펜션에 있는데 둘째에게 전화가 왔다. 아빠가 '홍시 포장했지요?'라고 물어왔다. 혹시나 터질세라 단단히 포장된 미라 같은 걸 벗기면서 웃음도 나오고 눈물이 핑 돌았다고 했다. 난 정말로 사랑받고 귀하게 자랐구나, 생각했다고 한다. 딸에게 주는 홍시 하나에도 정성을 다한 걸 보며, 엄마 아빠에게 받은 사랑 자식에게 되돌려 준다는 마음으로 우리 아이들도 정성을 다해 키우고 있구나 하는 마음이 들었다고 했다.

큰딸 내외는 기타를 치면서 사촌 동생을 위해 축가를 불렀고 많은 하객은 마음껏 축하해 주었다. 시끌벅적한 하루가 10월의 마지막 날에 지나갔다.

가을을 지나며 한 가정을 이루는데 진심으로 축하를 보내는 우리는 '아름다운 사람들'이었다.

2021년 10월 마지막 날

눈이 번쩍

남편은 오늘 '눈 사랑' 한의원 직원들한테 떡을 사 주고 왔다고 했다. 참 잘했다고 말해 주었다. 달포 전 2월 중순쯤 남편은 오른쪽 눈이 이상하다고 했다. 빛이 겹쳐지고 사물이 2개씩 보인다고 했다. 동네 안과에 가서 검사를 했는데 망막에는 아무 이상이 없다고 했다. 정작 본인은 불편해서 어쩔 줄 모르는데 이상이 없다고 하니 옆에 있는 나도 여간 마음이 쓰이는 게 아니다.

고려대 평생교육원 개강 첫날, 선생님들 앞에서 남편의 눈에 이상이 생겼다는 이야기를 했다. 큰 병원에 예약을 하였는데 3주를 기다려야 한다고 했더니 처음 오신 남자 선생님이 그 병원에 아는 분을 연결시켜 주었다. 3주 기다림이 아닌 내일 당장 병원으로 오라는 연락을 받고 뛸 듯이 기뻤다. 새로운 인연에 신기해했고 어둠 속에 한 줄기 빛이 들어오는 것 같았다.

속전속결로 진료를 받았다. 망막에는 이상이 없다고 사시과로 보내 주었다. 사시과에서는 뇌 MRI를 외부에서 찍어서 가져 오라고 했다. 채혈 검사도 했는데 결과를 보려면 2주를 기다려야 했다. 이 병은 금방 낫지는 않고 시간이 가야 조금씩 좋아진다고 했다. 환자 본인은 죽을 맛이다. 눈병뿐만 아니라 마음의 병까지 얻게 생겼다. 좋아지기는커녕 눈에 이물질이 낀 것 같고 콕콕 쑤시기까지 한다는 거였다.

답답한 사람이 샘 판다고 인터넷을 뒤져서 눈을 치료해 준다는 한의원을 찾아내었다며 가 보자고 했다. 처음 간 날 '눈 사랑' 한의원에서 상담 실장은 한약을 권하고 환을 권했지만 일단 침을 맞아 보기로 했다. 남편은 처음 맞아 보는 침이라서 진짜 아픈지 아니면 엄살인지 30분 맞아야 하는 침을 아파서 못 참겠다며 20분 만에 끝내고 나왔다. 찡그린 얼굴을 보며 틀렸구나 하고 절망을 했다. 점심을 사 먹으면서 하는 말이 침침했던 눈이 신기하게도 금세 맑아졌다는 거였다 한방에는 일침이란 말이 있다. 침은 매일 맞으면 기력이 달린다고 하는데도 남편은 하루하루 좋아지는 것을 느낀다면서 매일 침을 맞으러 다녔다.

우리 고모는 유능한 의사 아들과 며느리, 약사 딸이 있다. 고모부가 쓰러졌는데 자식들에게 알리지도 않고 다른 병원과 약국을 다니다가 몸이 좀 완만해졌을 때 자식들에게 알렸다고 했다. 젊을 때는 그 말이 이해가 안 되었다. 우리가 나이 들어보니 그 마음을 알 수 있었다. 바쁘게 사는 아이들이 걱정하고 힘들어할까 봐 자식들에게 알리지도 못하고 끙끙대고 있었다. 우리도 남편 눈이 조금씩 좋아지면서 아이들에게 이야기를 하게 되었다. 이제야 예전 고모의 마음을 이해할 수 있었다.

눈 사랑 한의원을 다니면서 눈이 좋아지게 되니 남편은 자기의 탁월한 선택이 '신의 한 수'라고 하면서 매일 거울을 들여다보며 신기해한다. 처음의 절망에서 눈이 조금씩 돌아오니 내가 보기는 심 봉사가 눈을 뜬 것보다 더 좋아하는 것 같았다.

2주가 지난 어제 채혈 검사 결과를 보러 안과 병원에 갔는데 뇌와 채혈 검사 결과에 아무런 이상이 없다고 하며 치료도 처방도 없이 기다려보라는 말만 했다. 시간이 해결한다는 소리만 들었다. 그래서 차선으로 선택한 한의원을 더욱 좋게 받아들였다. 양방이나 한방 어느 것이든 체질에 따라 연때가 맞는 데가 있다고 들었다.

눈 사랑 한의원에 가면 눈 환자들이 침을 엄청 많이 맞으러 온다고 남편은 말했다. 심지어는 부산, 대전에서도 온다는 소리를 했다. 유능한 한의사를 잘 만났다는 생각에 안도했다. 한의원을 가지 않았으면 어쩔 뻔했을까 생각하면 아찔하기도 하다.

이제 80프로쯤 눈이 돌아왔다고 아이들처럼 싱글싱글 댄다. 할아버지 눈 아프다는 것을 엄마한테 들었는지 손자 부성이가 할아버지한테 전화를 걸어서 걱정을 해 주니 부성이 덕에 할아버지 눈이 번쩍 떠졌다고 하면서 무척 좋아한다. 손자의 말 한마디가 침과 함께 특효약이 되었다.

오늘도 남편은 왕복 세 시간 거리의 한의원을 지하철을 타고 완전한 눈이 되기 위해 열심히 침을 맞으러 다닌다. 치료가 늦으면 6개월도 걸린다는 절망적인 소리도 들었다. '한의사를 잘 만나서 빨리 낫게 해 주어 감사합니다.'라는 말을 연발하는 요즘이다. 시신경 6번 선이 막혔다는 것을 나도 모르게 6번 출구가 막혔다고 해서 한바탕 웃었다. 많이 좋아지니 농담할 여유도 생긴 것이다.

한의원이 성남에 있는 모란시장 근처라서 남편은 맛있는 것을 자주 사 먹고 온다. 회가 먹고 싶어 혼자서 회 정식을 먹고 온 날은 눈이 더 밝아진 것 같다는 말도 했다. 시장에 사람이 붐벼서 보니 4일과 9일, 5일장이 서는 날이라 물건값이 엄청 싸다고 하면서 꽃게를 사 들고 왔다.

사람이 살면서 감사할 일이 너무나 많다. 안과병원에 빨리 조치를 취해 주어 다른 방법을 찾을 수 있었던 선생님도, 한의원 원장님도, 오늘은 메밀전병을 사 주고 왔다는 한의원 직원들, 진심으로 걱정해 주고 물질적 도움을 주는 자식들, 모두 모두 감사하다. 전화 한 통으로 할아버지 눈을 번쩍 뜨게 한 우리 부성이까지.

2022년 3월 볕 좋은 날

람세스

지난해 2월 약 9시간 40분을 소요한 러시아 항공은 모스크바 공항에 점을 찍고 5시간쯤 걸려 이집트 카이로에 도착했다. 사진으로만 보던 피라미드와 스핑크스를 만나러 가는 날이다. 설레며 다가간 이집트, 5000년의 찬란한 문명이 남긴 역사는 우리나라 단군신화—곰과 마늘에 얽힌 신화보다 300년이나 앞선 시대에 이루어진 문명이라고 한다.

세계 7대 불가사의로 남아 있는 기자 피라미드, 알록달록한 천을 두른 낙타가 저 멀리서 관광객을 부르고 있다. 모래바람은 어찌나 센지 목에 두른 스카프는 춤을 추고 사진을 찍는 몸을 휘청거리게 하였다. 몸은 사자, 머리는 사람인 이집트의 전설적인 동물이며, 이집트 전역에 수천 개가 있었는데 남아 있는 것 중 가장 크고 유명한 스핑크스와 눈 맞춤을 하고 사진을 찍었다. 일 년에 비 오는 날이 일주일도 안 된다는 가이드의 말을 듣는 순간 멀쩡한 하늘에서 갑자기 우두두 비가 내리는 게 아닌가? 이런 것도 여행자의 행운처럼 느껴졌다. 어느 나라든지 관광지의 횡포는 있나 보다. 일행 중 단단한 강 자매에게 열댓 살쯤 되는 현지인 아이가 스핑크스와 사진 찍는 각도만 일러주고 돈을 요구했다. 모래바람 때문에 입안에서 모래알이 설그럭거렸는데 아이 때문에 또 입안이 깔깔해져 왔다.

검정 밤에 카이로에서 아스완으로 가는 낡은 야간침대열차를 탔다. 열차를 타기 전 wifi가 살아나는 근처 카페에서 진한 차도 마시고 머리부터 발끝까지 하얀 옷을 걸치고 투박한 돌 벤치에 앉아 있는 나그네도 보았다. 열차 안 2인 1실 침대칸에 주부100단 여인 네 명이 캐리어 두 개를 포개고 임시 탁자를 만들어 맥주도 마셨다. 사다리를 타고 2층 침대에 기어올라 잠이 들었는데…. 날은 환하게 밝아 왔고 열차가 서행을 하는지, 간이역을 지나는지 감각은 무뎌지고 몸과 영혼을 맡기는 나그네가 되어 팔짱을 끼고 끝없이 펼쳐지는 사막을 본다. 젊은 가이드 말에 의하면 이집트란 나라는 할 수도 있고 안 할 수도 있는 나라라고 했다.

세 시간 연착 15시간이 걸려 아스완에 도착했다. 칼같이 시간에 길들여진 우리들은 이런 상황이 낯설기만 하다. 바위를 쪼아 오벨리스크를 만들기 위한 채석장을 둘러보고 아부심벨에 있는 사암층을 뚫어서 조각하고 만들었다는 람세스 2세의 거대한 대신전, 소신전을 둘러보며 입을 다물지 못했다. 고고학 박물관에서는 왕을 일컫는 파라오는 신(神)들과 동격이란 생각을 가진 자들의 유물, 권력의 상징인 턱뼈가 빠질 것 같은 인공수염에 신기해하기도 했다. 금방 살아서 일어날 것만 같은 예쁘게 화장을 한 수많은 미라도 보았다.

왕들의 계곡을 거쳐서 왕비의 계곡에 왔다. 여행의 일정표에는 짧은 설명도 하나 없이 선택 관광 180유로(23만 원) '네페르타리' 이렇게만 적혀 있었다. 얼마나 대단하면 단 몇 분의 관람에 거금을 써야 하는가 생각했다. 줄 맨 뒤에 서서 입장을 한 우리는 묘지기 공무원에게 슬쩍 지폐 한 장을 집어주니 못 이기는 척 받는다. 법이 있으며, 없는 나라 이집트, 람세스 2세의 가장 총애를 받던 여인 3300년 전 네페르타리 왕비의 무덤은 1904년에 발견된 뒤 1993년에 일반에 공개되었다고 한다. 처음 공개될 무렵에는 사진 한번 찍는데 2천만 원을 내고 찍을 수 있었다고 했다.

수천 년을 지난 고분 벽화의 색채는 며칠 전 도색을 한 것처럼 밝고 화려하고 깨끗했다. 그 여인의 허리는 잘록했고 긴 다리, 팔등신의 몸매는 지금 살아있다 해도 미인의 기준에 손색이 없었다. 금방이라도 벽화에서 툭 튀어나와 살아서 움직일 것 같은, 미색과 지식을 겸비했다는 여인의 옆에서 빨간색의 티셔츠와 빨간색이 들어간 체크무늬의 스카프를 두른 내가 사진을 찍어본다. 법이 무색한, 될 수도 있고, 안 될 수도 있는 나라였다. 어느 도록도 실제만큼은 흉내 낼 수 없는 원형 그대로 색채가 살아있는 벽화에 혀를 내두른다. 그래 이걸 보러 왔지! 이런 멋진 관람에 후회가 있을 수는 없었다.

아스완에서 크루즈로 출발해서 내리고 타기를 반복하며 세 군데를 더 관광했다, 아라비아 사막을 횡단 중에 운 좋게 신기루도 보았다.

지금까지 거쳐 온 이집트와는 다른 별천지인 관광 도시 후루가다 힐튼 호텔 휴양지에서는 파라솔 아래에서 몸을 뉘는 여유도 즐겼다.

돌아오는 날 카이로에서 모스크바 공항에 내리니 눈보라가 앞을 가려 걷기도 힘들었지만 붉은 광장, 성 바실리 성당을 흩날리는 눈송이를 보면서 구경했다. 두꺼운 패딩을 입어도 추웠지만 후루가다 홍해 해변에서 반팔 소매로 여름을 즐기던 것이 떠올라 하루에 4계절을 경험하였다고 하면서 즐거워했다.

10년간 여행이 금지된 이집트에 우리나라는 지난 2018년 11월에 여행길이 열려 행운을 잡게 되었다. 이 여행도 5월이면 마지막이라고 했다. 화려한 문명에서 퇴보한 나라, 아직도 테러가 일어나니 조심해야 하는, 국민소득 2500불의 이집트, 우리나라 구한말 시대라는 가이드의 말이 예사롭게 들리지 않는 것은 중심을 잃고 흔들거리며 걱정되는 내 나라가 애를 물가에 보낸 엄마 심정일까? 이집트를 다녀오고는 더 알고 싶고 궁금한 나라, 람세스 2세와 네페르타리와의 사랑 이야기에 빠져보려고 '크리스티앙 자크'의 소설 『람세스』 5권을 구입했다.

2020년 12월 크리스마스이브 날

감쪽같이

살이 빠지면서 가슴골 오른쪽에 밤톨만 한 멍울이 잡혔다. 약간 걱정은 되었지만, '별것 아닐 거야'라고 자위를 하며 보냈다. 그해 추운 겨울의 터널을 지나고 봄이 되면서 멍울의 중심으로 가끔 전기가 통하듯이 찌릿찌릿한 느낌이 왔다. 병원을 가 볼까 망설이다가 4월에 잡혀 있는 꼭 가 보고 싶었던 이집트 여행을 다녀오고 병원에 가기로 남편과 합의를 보았다. 병원 진단 결과가 나쁘게 나오면 여행도 잡치고 일행들에게 폐를 끼친다는 이유에서였다. 여행을 다녀오는 길로 동네에 있는 국민보험공단 지정병원에서 유방암 검사를 하였다. 우려했던 결과는 나오지 않았다. '그럼 그렇지, 내게 무엇이 있을라고' 자만심은 나를 편안하게 해 주었다.

해가 바뀌고 듣도 보도 못한 코로나란 전염병이 세계로 퍼져나가면서 나라는 들끓고 가는 곳마다 체온 체크를 하고 출입했던 흔적을 남겨야 했다. 마스크 쓰기는 일상이 되었다. 찌릿해 오는 가슴의 통증이 잦은 것 같은 기분이 든다고 하니 남편이 서둘러 병원을 가 보자고 했다. 연초에는 그동안 준비했던 책을 내기로 계약을 하였고, 10년 넘게 하고 있는 가게는 어떻게 해야 하나 여러 가지로 심사가 복잡했지만, 남편 친구가 경영하는 내과 병원에 가 보기로 했다.

초음파를 하고는 소견서를 써 주면서 암 전문 병원을 소개해 주었다. 토, 일요일을 지나고 월요일에 조직검사를 하기로 예약이 되었다. 검사 하루를 남겨둔 일요일 날 주방에서 반찬을 만드는데 남편이 뭐 하느냐고 물었다. 내가 병원에 들어가면 언제 나올지도 모르고 큰 병일 수도 있어서 식구 먹을 걸 준비한다고 했다. 조금 있으니 흐느끼는 소리가 들려 소리를 따라 안방으로 들어갔더니 남편이 이불을 뒤집어쓰고 울고 있었다. 위로를 받을 내가 남자의 울음에 무너져 내리고 있었다.

병은 자랑을 해야 한다고 하는 말이 있다. 그렇지만 나의 자존심은 그걸 허락하고 있지 않았다. 병명을 알기 전에는 떠들고 싶지 않았다. 오진이길 바랐고 암 덩어리가 아닌 석회질이길 바랐다. 하지만 조직검사 후 판명은 암이라는 진단이 나왔다. 금방 수술 날짜가 잡혔고 덤덤한 나와는 반대로 남편은 자기 일을 접고 나에게 올인하고 있었다. 수술을 며칠 앞두고 집에 퇴원했다가 다시 오라는 담당 의사한테 그냥 병원에 있겠다고 하니 쉽게 허락이 났다.

옆 가게 코인 노래방, 지하 노래주점의 출입문에는 영업하지 말라는 '집합금지명령'이라는 종이 딱지가 더덕더덕 붙어 너덜대고 있었다. 소상공인들의 원성이 늘어가고 있었다. 우리 가게 셔터가 내려져 있어도 아무도 찾는 사람이 없었다. 의도치 않게 숨어 들은 병원은 안전지대였다.

큰딸이 울며 전화가 왔다. 무슨 날벼락이냐고? 정작 환자인 나는 덤덤했지만 혼자 감당하기는 어려웠던지 남편이 큰아이한테 전화를 한 거였다. 보호자 외엔 면회도 금지였는데 깜짝 놀란 아이들이 찾아왔다.

수술하기 전 격리된 방에서 콧구멍에 무엇을 집어넣는 코로나 검사를 하고 수술을 했는데 다행히 전이가 없는 착한 암이었다. 항암을 하지 않아도 되고 방사선 치료만 받으면 된다고 했다. 항암을 하면 여자의 생명인 머리카락이 빠지는 걸 여러 번 봐 왔기 때문에 그것만은 안 하길 속으로 빌고 또 빌었다. 나는 가게에 나가야 되고 많은 사람을 상대해야 하는데 체력도 저하될 것이라는 것이 온통 내 머리를 지배하고 있었다. 방사선 치료는 가게 운영을 하면서도 할 수 있었다.

2020년 7월 30일 그 와중에 33번의 방사선이 끝나는 날 내 책이 출간되었다. 외출이 줄어들고 집에 있는 시간이 많아지면서 원고를 볼 수 있는 시간이 많아진 것도 코로나 덕분인 전화위복이라 해야 하나….

보름 만에 가게를 나왔는데 옷 속 피부에는 수술 자국이 남았지만 얼굴은 멀쩡하니 어디 갔다 왔는지, 아무도 물어보는 사람도 궁금해하는 사람도 없었다. 자기 것 챙기기도 벅찬 이웃 가게 사장들이었다. 병 자랑을 하다가 큰 병원을 소개받고 수술이 늦어져서 잘못된 경우가 있는 걸 보기도 했고 병원에 있다 보면 환자들 모두가 의사이고 약사였다. 요즘같이 좋은 세상 인터넷에도 좋은 정보를 얻을 수 있으니 굳이 남의 말을 듣지 않은 게 잘했다는 생각이 들었다.

코로나로 마스크를 쓰고 생활하는 게 더없이 불편하지만, 마스크 덕분에 감기나 기관지 환자가 줄었고 우린 좋지만 내과와 이비인후과가 울상이라는 말도 있다. 덕을 보는 사람이 있으면 손해 보는 사람이 있다. 바깥 출입이 적으니 택배 같은 배달업이 성황을 이루기도 한다. 내 경우는 전염이 되는 병은 아니지만 사람 상대를 해야 하고 혹시 남이 알면 환자라는 동정의 눈초리가 싫어서 숨기고 싶었는지도 모른다. 코로나 덕분으로 남의 시선 의식하지 않고 의사 선생님의 말만 듣고 감쪽같이 수술하고 내 자리로 돌아온 것 같아서 코로나를 떠올리면 내겐 감쪽같이, 007 작전이 통했다고 생각했다. 나중에 알게 된 친한 지인이 미리 알려 주지 않았다고 무척 서운해했다. 알면 뭐해, 코로나 때문에 면회도 안 되는데 하고 말해 주었다. 코로나가 방패막이가 되었다.

코로나로 인하여 매일 일희일비가 터져 나온다. 턱없이 부족하지만 소상공인들은 재난지원금, 또는 상생지원금을 받았다. 큰딸이 하는 카페에서는 정부 방침대로 거리두기도 잘 지켰고 손님을 다 보내고 9시에 마감을 끝냈다고 한다. 그런 뒤 직원들과 회식을 하다가 걸려서 벌금 150만 원을 냈다고 엎친 데 덮친 거라며 억울해한다.

그래도 아직까지 가족이나 친한 지인들이 코로나에 감염되었거나 힘들어했다는 소리를 듣지 않아 천만다행으로 생각한다.

지금도 매일 안전안내 문자가 들어온다. 코로나의 위험에 노출되어 있지만 곧 치료제가 나올 것이고 내가 먹는 약도 끝나고 안정된 생활이 곧 오리라는 믿음 한 자락 가져본다. 난 암을 이긴 사람이야 코로나 네까짓 게.

2021년 10월

추억 소환

결혼 7년 차인 둘째는 딸을 낳고 19개월 차이로 아들을 낳아 남매를 예쁘게 키우고 있다. 시댁과 가까이 살기도 하고 시부모님과도 잘 지내서 친정 부모로서는 한시름 덜었다. 며칠 전 외손자가 장염이 걸려서 병원에 입원했다고 하더니 외손녀, 사위까지도 전염이 되어 우리 딸만 빼고 식구 모두 링거 줄을 주렁주렁 매단 사진이 올라왔다. 코로나로 병문안도 안 된다고 하니 속만 태우고 시간을 보냈다.

남매를 키우는 딸을 보며 우리 아이들 키울 때 생각이 떠오른다. 큰아이와 둘째가 다섯 살 터울, 둘째와 셋째는 21개월 차이다. 그러니 둘째와 셋째는 친하기도 하고 싸움도 많이 했다. 둘은 유치원, 초등학교를 같은 곳에 다녔다. 우리 시대는 전교생이 운동장에 모두 모여 시상식을 했다. 우리 아이들 때는 시상식을 하거나 학교에 행사가 있을 때는 교실마다 설치되어 있는 비디

오 화면을 통하여 전교생이 다 함께 볼 수 있게 했다고 한다. '야 너 누나 또 나왔어' 누나가 대표로 나와서 상을 자주 타니 동생의 인기도 덩달아 올라갔다고 했다.

좋은 일만 있는 것은 아니었다. 더운 여름 어느 날 막내인 아들은 농구를 하다가 새끼손가락이 부러져서 정형외과에서 손 전체를 한 달 동안 깁스를 하고 다녀야 했다. 지나간 일이라서 그렇지 그 당시는 엄마로서 마음이 많이 아팠다.

둘째가 고등학교, 막내가 중학교에 다닐 때쯤 아파트에서 주택으로 이사를 한 적이 있었다. 여러 가구가 사는 집에 공동으로 쓰는 큰 대문이 있고 우리 집만 쓸 수 있는 작은 대문이 있었다. 어느 날 학교에 가던 막내가 비닐봉지에 담긴 브랜드 빵을 들고 들어왔다. 갓 구운 것 같은 맛있는 빵이었다. 둘째가 중학교 때는 남녀공학인 학교를 다니다가 여고를 갔는데 중학교 다닐 때 알고 지내던 한 남학생이 아침마다 대문 문고리에 쪽지와 함께 빵을 걸어 놓고 간다는 것이었다. 남매는 눈 사인을 보내며 뭐라고 하는 걸 보니 나만 모르고 오래전부터 알고 있는 눈치였다.

삼 남매이다 보니 밸런타인데이, 화이트데이, 로즈데이, 빼빼로데이 생일 이 있는 날은 꽃과 선물이 많이 들어왔다. 선물을 해 준 거는 알 수 없고 받는 것만 눈에 띄었다. 어느 날은 둘이서 싸움이 났다. 황금색 바탕에 빨간 장미를 접어서 액자를 만들어 보낸 누나 선물을 몰래 여자 친구한테 또다시 선물해 버린 것이었다. 지금은 웃을 수 있지만 황당한 사건이었다.

삼 남매가 자라 짝을 만나 셋 다 출가를 했지만, 추억거리는 너무나 많다. 백일 사진부터 졸업앨범 결혼사진까지… 결혼을 해서도 이사를 할 때면 버리기 아까운 것들은 우리 집에 갖다 놓는다. 우리 집은 삼 남매의 추억 창고다.

결혼해서 따로 살다가 2년쯤 우리 집에서 같이 산 후에 얼마 전 이사를 나간 아들네가 못다 가지고 간 짐을 정리하다 보니 꽁꽁 동여맨 작은 아가타 복주머니가 네 개나 나왔다. 며느리한테 물어보니 자기 것이 아니라고 했다. 둘째가 남긴 거구나 하고 열어보니 귀걸이, 목걸이, 팔찌 같은 액세서리가 가득 들어 있었다. 젊은 날 추억이 하나하나 새겨져 있을 물건들이었다. 아이 둘의 육아에 지쳐있을 딸이 떠오르며 콧등이 시큰해진다. 장롱 위에 올려진 그림 액자. 차마 버리지 못하고 여기저기 아직도 남아 있는 종이학. 종이장미 상자, 맡겨 놓은 전문서적, 무엇보다 소중했을 물건들이 잊혀 가고 있다. 싸우면서 정이 든다더니 배우자를 만나고 아이들이 태어나서 부모가 되어도 남매간의 우애는 돈독한 것 같아서 안심이 된다.

둘째가 일곱 살 때 홍역으로 몸이 펄펄 끓으며 열이 40도 가까이 올라 입원한 적이 있었다. 2일 후면 1월 1일 우리집에서 시집의 곽(郭) 씨 사촌들 큰 모임이 있는데 12월 30일 날 입원을 했으니 20명 이상 먹을 음식도 해야 하고 걱정이 이만저만이 아니었다. 그 당시 병원에서는 입원실이 없어 1인실에 입원을 했다. 링거 줄을 달고 화장실도 따라다니고 언니도 남동생도 없는 병원에 혼자 독차지할 수 있는 엄마가 옆에 있으니 얼마나 좋았으면 엄마 퇴원하지 말고 더 있다가 가면 안 되느냐고 했던 딸이었다.

그 철부지가 자라 엄마가 되었는데 두 아이가 열이 올라 병원에 입원해있다.

둘째에게 전화가 왔다. 아이들 장염이 거의 완치가 되어 퇴원했다는 반가운 소식을 전해 왔다. 삼 남매의 어릴 때 사진을 꺼내 보면서 추억에 젖어본다.

누나 선물을 가로채어 선물하고 다투었던 것도 다 지나간 한 때의 추억이다. 외손주 둘도 엄마와 외삼촌처럼 사랑하고 다투면서 커나가겠지…. 미래의 꿈이 자주 바뀌기는 하지만 발레리나가 되겠다는 4살짜리 외손녀의 꿈도 현실이 될지 추억으로 남을지를 생각하는데 삼복의 더위가 현실로 다가온다.

2021년 7월

잠수함을 알아가다

몇 년 전 지인의 권유로 나선 진해 여행길, 사당역 공영주차장에서 만난 일행들은 진해로 출발했다. 아무런 상식도 예비지식도 없이 무턱대고 따라나선 것이다. 차 안에서는 처음 만난 사람들끼리 개개인의 간단한 소개가 있었다. 해군을 전역하신 분과 해군에 관심 있는 일반인들이었다. 진해에 도착하여 안내를 받아 해군사관학교를 둘러보고 육군보다 앞서 창설되었다는 해군의 창시자 손원일 제독도 알게 되었다. 해군의 어머니 홍은혜 여사님의 일화를 들을 때는 같은 여자로서 절로 고개가 숙어졌다. 우리나라는 휴전 상태이지만 늘 전쟁이란 위험을 가지고 살아간다.

평소에 軍도 모르면서 잠수함을 알 리가 없는 일개 여인이었다. 사진으로만 보던 잠수함을 눈으로 직접 보는 날이었다. 직선으로 내리뻗은 사다리를 타고 힘들게 내려가 잠수함 속을 안내받아 둘러보았다. 여기는 평소에 상상도 해 보지 않은 공간이 나왔다. 그야말로 한통속이었다. 작은 공간에서 숙식도 해결하고 오랜 시간 바닷속에서 생활해야 하는 열악한 환경, 귀밑 솜털이 보송보송한 우리의 아들들을 생각하니 가슴이 미어져 왔다. 잠수함을 벗어나서 소감을 묻는 내게 나는 적당한 말이 떠오르지 않아 머뭇거렸다.

우리나라에서 제일 크다는 배 독도함에 왔다. 독도함은 길이 199미터, 너비 31미터로 1,200명이 한꺼번에 식사를 할 수 있으며 1,100명의 침실 공간이 있고 헬리콥터 7대를 수용하는 활주로도 있었다. 700명의 병력과 한꺼번에 1000명을 수송할 수 있다니 입이 다물어지지 않았다. 해군의 노고를 생각하면 VIP실에서 차를 대접받는 것도 황송했다. 설명을 듣는데 크기에 놀랐고 우리나라가 이런 훌륭한 배를 건조해서 가지고 있다는 것에 자부심을 느끼고 어깨가 으쓱해졌다.

여느 여행과 달리 많은 것을 보고 배우며 스스로 스며들어 자발적으로 잠수함 연맹 명예회원이 되었다. 해군 잠수함 초대 전단장이셨고 지금은 잠수함연맹 회장님으로 계시는 김혁수 제독님의 보살핌과 여성 회원들을 귀히 여기시는 마음에 감복하여 언제라도 부르면 달려가서 힘을 보태려고 노력하고 있다.

2018년 제주 국제 관함식, 안창호 함 진수식, 해사 입학, 졸업식, 창설 기념식에 회장님 덕분에 참석하는 영광을 누렸다. 어느 해는 흐드러지게 핀 진해 벚꽃을 원 없이 본 적도 있었다. 해군 정신 약속 시간 15분 전 도착도 배워서 실천 중이다.

젊은 시절 해군의 하얀 세일러복과 바지의 칼 주름을 보며 가슴 설레었는데 이 나이가 되어서 명예회원이 된 것만도 감사할 일이잖은가? 예전이라면 상상도 할 수 없었던 항모가 나오는 「탑건」 영화를 단체로 관람하고 군악대가 멋진 해군 음악회도 보러 다닌다. 생소했던 잠수함을 알아가고 이해하는 것만도 큰 소득이 된 것 같다. 분단된 나라에서 어느 분야가 되던 조금의 보탬이 된다면 이게 애국이 아닐까 하고 생각해 보는 날이다. 제주 관함식에서 단체로 구입한 모자에 새겨진 구호를 한 번 더 되뇌어 본다.

One SHOT. One HIT. One SINK!

대한민국 잠수함연맹 창간호

2022년 11월

서글픈 행운

새조위는 '새롭고 하나 된 조국을 위한 모임'의 약자다. 1988년에 설립된 민족평화통일 단체다. 지난해 고인이 되신 홍사덕 대표가 설립자였다. 전반기 15년은 탈북자를 돕고 후반기는 탈북자의 심리치유, 역량 강화교육, 가족상담, 코칭 등을 통해 성공적인 사회 정착을 돕고 있다.

지금의 대표를 우연히 알게 되어 틈나는 대로 내가 필요하다고 하면 달려가 주었고 뜻을 함께했다. 지난해 5월 남북한 교류토론이 있다고 참석해 달라는 연락이 왔다. '남북통일 문화센터'라고 찍어준 약도대로 남편 차로 출발했는데 우리 아파트단지를 한 바퀴 돌고 나니 출발한 그 자리에 도로 돌아오는 게 아닌가. 우리가 찾은 건물은 우리 아파트와 담을 사이에 두고 새로 지어진 건물이었다. 그날은 남북한 각자 3명씩 6명이 만나 살아온 이야기, 생활상을 나누는 날이었다.

그날 이후로 대표와는 더 가까워진 계기가 되었다. 이번 여행은 새조위 주관, 통일열차 프로젝트를 대표의 주선으로 이루어져 평화 통일을 염원하는 사람들이 3박 4일 백령도에 다녀왔다.

우리나라로 치면 서해 최북단, 북한과 가장 가까운 곳에 위치해 있는 곳이다. 여행이란? 내용이 어찌 되었든 설레는 것이다. 인천 연안부두에서 아침 8시에 출발하는 여객선을 탔을 때도 비는 내리고 있었다. 우려와는 달리 파도는 잔잔했고 백령도에 도착하니 해가 반짝이며 우리를 기다리고 있었다.

배에 내리자마자 일행 15명은 대기한 두 대의 봉고차에 나눠 탔다. 첫 점심은 수육과 냉면을 먹었고 여행이 끝나는 날까지 이북을 느끼라는 배려로 4번의 냉면을 먹었다. 첫 일정은 세계에 두 곳밖에 없다는 사곶 해변을 갔다. 모래가 단단하여 6.25 때는 임시 비행기 활주로로 썼다는 곳이다. 전망대에 올라 아래를 내려다보니 하얀 모래 해변이 펼쳐져 있다. 일 년에 몇 번 있을까 말까 하다는, 해무가 없는 맑은 하늘 저 멀리에는 북한이 바로 눈앞에 있다. 일행 중 대표 아버지도 고향이 이북이고 북한학을 연구한 교수님, 분단국가와 관련 있었던 곳만 찾아다닌다는 여행 가이드, 북한과 연고가 있고 관련이 많은 사람들은 북쪽을 바라보는 시선을 거두지 못했다.

해변과 해안에는 가는 곳마다 예쁜 몽돌이 구르고 있었다. 오늘 도착한 콩돌 해안은 천연기념물 392호로 지정되어 있다. 마른 콩돌을 베고 길게 몸을 누이니 파도가 밀려 나갈 때 콩돌이 부딪히는 소리가 챠르르 챠르르 귀를 간지럽힌다. 돌탑도 쌓고 예쁜 돌을 고르고 버리기를 여러 차례, 돌을 가져가면 벌금을 문다는 소리에 어린아이들처럼 간은 콩알이 된다. 아직도 떠도는 천안함 전사자들의 혼이 돌 하나하나에 묻어 있다는 어떤 한 분 교수님 말에 시무룩 풀이 죽는다. 손에 들고 있던 돌을 그대로 두고 갈까 집으로 가져갈까 갈등도 한다.

영혼 없는 여인들이 돌 줍기를 하는데 북한에서는 다 보고 있다는 거였다. 평화를 위장한 여인들을 풀어놓았다고 생각하고 있을 거라고 했다.

한편에는 몽돌이 구르고 물 빠진 하늬 해변, 어릿골 해안에는 세월 따라 부식된 용치(용 이빨)가 대립된 분단을 느끼게 한다.

천안함 46용사가 잠든 위령탑에 왔다. 2010년 3월 26일 경비작전을 수행하던 중 엄청난 폭발로 선체는 함수와 함미로 절단되었고 곧바로 침몰되었다. 한미합동 조사단과 전문가, 과학적이고 주도면밀한 조사와 검증 끝에 북한제 감응어뢰의 강력한 수중 폭발에 의해 일어난 것이라 확인되었다.

104명의 승조원 중 58명은 구조되고 46명의 용사들은 어디에도 찾을 수 없었다. 46명의 위령탑 앞에선 우리들은 하얀색 국화꽃을 바치고 김덕규 시인의 「772함 수병은 귀환하라」는 시를 낭독하며 전사자 한 사람, 한 사람 이름을 불러내었다. 일행들은 슬픔을 이기지 못하고 소리 죽여 울었다.

백령도로 들어가기 전날 잠수함 연맹 회장님과 회원들 몇 명이 천안함 재조사를 한다는 어처구니없는 정부에 항거하고 있는 생존자를 만나러 정부 청사 앞으로 갔다. 끝까지 남아 생존자를 구출하고 마지막 배에서 내린 최원일 함장의 애환을 들으며 식사를 하고 격려금을 전달한 일이 있어 위령탑 앞에선 나는 더욱 마음이 아팠다.

군번 없는 영웅들이 잠들어 있는 동키 부대와 백령정을 돌아보았고, 황해도에 세워진 서래교회 다음으로 우리나라에서는 최초로 세웠다는 중화동교회에도 가 보았다. 늙은 신의 마지막 작품이라는 두무진은 규암으로 이루어진 기암괴석이 장관이었다. 황해도 서쪽 끝인 장산곶과는 불과 12km 거리에 위치해 있었다. 끼룩끼룩 갈매기는 자유로이 북한 땅을 오가고 있었다.

서쪽에서 부는 바람이란 뜻의 하늬, 이름만 예쁜 하늬해변은 용치가 날선 이빨을 드러내고 800m 앞섬에는 점박이 물범과 가마우지가 한가로이 서식하고 있었다.

6.25 직전 도발로 세워진 해군 14용사 충혼비 앞에 섰을 때는 지금의 평화와 달리 전쟁의 상흔이 곳곳에 남아 있었다.

사자바위, 용트림 바위, 형제바위, 창 바위를 둘러보고 해변에서는 젊은이들을 흉내 내며 점핑을 하였다. 박자도 못 맞추는 박치들, V자로 팔을 하늘로 향하고 땅에서 몸을 들어 올리는 행위는 태산을 들어 올리는 것처럼 힘들었지만 즐거움의 탄성을 질렀다. 마지막 날 효녀 심청이가 아버지 심 봉사 눈을 뜨게 하였다는 심청각에 올랐다. 전설의 인당수 물이 내려다보인다. 인당

수만 건너면 북한 땅이다. 아쉽지만 우리 일행은 통일의 염원만 간직한 채 돌아섰다.

딱 일주일 뒤 교수라는 말보다 북한 덕후로 불리길 원하는 강동완 교수가 문자를 보내왔다. '오늘은 기상 악화로 뱃길이 전면 통제입니다.' 우리의 여행 3박 4일은 왕복 뱃길도, 날씨도 더없이 좋아서 여행복이 있다고 했었는데….

이번 여행은 분단의 아픔을 몸소 느끼고 아파했던 뜻깊은 여행이었다.

같이한 동갑내기가 개인 메시지를 보내왔다 '날씨도 받쳐주고 북한과 달리 이 나이에 마음대로 여행할 수 있는 우리는 복 받은겨.'

2021년 5월

신(神)의 맛

젊은 여자 둘이서 가게에 들어섰다. 작은 물건 하나씩을 고르더니 계산을 하고 나서 내게 예수님을 믿느냐고 물어왔다. 대답을 안 하는 내게 "꼭 믿어야 돼요." 하면서 안타깝다는 듯 애절한 눈길을 보낸다.

내가 세상에 태어나서 처음 신(神)을 알게 된 날이 있다. 밤마실이라는 동네의 10남매, 오남이 집에서는 매일이 시끄러웠다. 10남매 중에는 언어 장애를 가진 아들도 있었다. 무슨 연유인지 오남이네 집에는 신내림 굿판이 벌어졌다. 여러 자식에게 대를 잡게 했는데 죽은 아버지의 혼령이 다섯 번째 딸 오남이에게만 빙의가 되어 생전의 오남이 아버지 표정과 눈빛이 똑같다고 동네 사람들은 말했다. 그때는 너무 어려서 무서웠던 생각만 나고 다른 기억은 나지 않는다.

아버지는 미신이라면 질색을 하셨다. 큰집 어른 중에 평소에 집안을 잘 아우르는 존경받는 맏며느리가 있었다. '여호와 증인'이란 종교를 알고부터는 제사 같은 것은 아예 지낼 생각이 없었다. 큰집을 다녀오시는 날이면 아버지는 못마땅하게 생각하고 혀를 끌끌 차곤 했다. 그때부터 더욱 미신과 종교를 멀리한 걸 알았다.

어린 시절 동네에는 천주교, 장로교, 예수교가 있었다. 한 십 리길 떨어진 곳에는 지보사란 절도 있었다. 어느 날 아는 언니를 따라 성당에 가게 되었다. 성당에 가면 집에서는 볼 수 없는 화려한 벽화와 여러 개의 긴 촛대와 촛불, 성부와 성자와 성령이란 이름으로… 성호를 긋고 엄숙한 자세로 손을 모으면 예수님이 십자가에 못 박혀 가시 면류관을 쓰고 있는 게 보였다. 그건 사람일 수가 없었다. 어린 마음이었지만 내겐 신으로 다가왔다. 너무나 고귀해 보이는 신부님과 수녀님, 하얀 미사 보를 쓰고 있는 어른들, 신부님은 영세를 받은 사람한테만 입에 쏙쏙 넣어 주는 밀떡이 있었다. 무슨 맛일까? 하고 어린 마음에 너무나 궁금했다. 가끔 밤에 미사를 드린다고 따라가면 졸음이 쏟아져 졸다가 온 기억이 전부다.

무신론자, 종교를 멀리하는 친정 부모님의 교육으로 이렇다 할 종교가 없이 살았다. 필요를 느끼지 않았다고 말하는 게 더 정확할지도 모른다.

결혼을 했다. 시어머니는 절에도 이름을 올리고 점집을 가끔 찾기도 했다. 신혼 초 어른들과 한집에 살던 때였다. 시어머니는 매일 해 뜨기 전 정화수를 떠 놓고 동쪽 하늘을 향해 두 손을 모아 빌고 있었다. 그 장면이 너무 낯설었다. 무엇을 염원하는지 알 길은 없지만 말로만 듣던 실제의 모습을 보고 엄청 충격을 받았다. 이해할 수가 없었다. 이게 문화의 차이구나 생각했다.

시어머니는 가끔 나를 데리고 가까운 절에 가기도 했다. 처음 서울에 자리를 잡을 때 주인집 아주머니가 절에(도봉산 천축사) 다니고 있어서 입춘, 사월 초파일, 칠석, 동지 일 년에 네 번은 빠지지 않고 따라 다녔다. 절에는 갔지만 참배를 하고 법문을 들어도 아무런 의미도 마음의 동요도 느낄 수 없었다. 형식적인 절을 하고 공양 값이다, 생각하며 불전을 내는 나한테 염증을 느꼈다. 4~5년 다녔을 무렵 주지 스님이 어떤 싸움에 휘말려 신도 집에 숨어 지내는 걸 알고부터는 더 이상 불교에 대한 미련이 없었다.

큰딸에 이어 둘째도 딸을 낳고 나니 시어머니는 은근히 아들을 낳아야 된다고 압박을 했다. 갖은 방법이 동원되었다. 어느 날은 실한 알밤을 사서 보내라고 했다. 둘째가 태어나고 6개월이 되었을 때 대구에 내려오라는 연락을 받았다. 시어머니와 며느리의 눈에 보이지 않는 밀당이 시작되었다. 돈이 없어서 못 간다는 핑계를 대었다. 차비만 해서 내려오라는 거였다.

더이상 피할 길이 없어서 아기를 멜빵 달린 패딩 옷 속에 넣고 캥거루 모양을 하고 대구에 내려갔다. 소심한 반항이었다. 포대기도 안 하고 내려온 한심한 며느리는 어느 양지바른 산, 신내림 아주머니를 따라 옹달샘 앞에 세워졌다. 속에 무엇이 담긴 작

은 소쿠리를 쥐여 주며 두 팔을 뻗쳐 들고 있으라고 했다. 한적한 산골에 북소리가 둥둥 울려 퍼졌다. 아들을 점지해 주라는 주문을 외우는 것 같았다. 속으로는 미신! 미신이야!를 외치고 가슴에는 울분과 형용할 수 없는 설움이 차올랐다. 섣달의 해는 짧은데 시간은 흐르고 끝내 나는 신과 함께 하지 못했다. 아들이란 내게 아무 의미도 없었다. 빨리 끝나기만 학수고대했다. 북소리가 커져도 아무런 미동도 없는 내게 '저 팔이 위로 올라가야 하는데'라는 소리가 들렸다. 안 들은 체하고 있다가 속은 찔렸지만 슬금슬금 팔을 들어 올리기 시작했다. 북을 두드리던 사람의 북소리가 잦아지며 이제 되었다고 하였다.

아줌마는 데려온 아기는 신경 쓰지 않아도 된다며 뒤도 돌아보지 말고 서울로 가라고 했다. 그게 내겐 아무 의미도 없는 처방이었다. 그 뒤 아들을 낳기는 했지만, 그것으로 인해 아들을 낳았다는 생각을 한 적이 한 번도 없었다. 가끔 베갯잇 속에는 이승을 떠난 시어머니가 끼워준 부적이 나오기도 했다. 아마 샤머니즘에 기댄 마지막 세대일 수도 있다는 생각을 해 본다. 시어머니는 손자를 얻은 게 당신 공이라고 생각했을 것이다. 그 순간만이라도 행복했으면 된 거라고 생각한다.

요즘 전교조 아이들의 교육이 세뇌되어 요지부동이듯이 내 안에는 미신과 종교의 거부감이 자리한 것 같은 생각이 든다. 내 주위에는 목사, 장로, 권사도 많지만, 철옹성의 굳게 닫힌 마음의 빗장을 아직도 풀어내지 못하고 있다.

거리에는 불신지옥이란 피켓을 든 사람들이 지나간다. 일부러 길을 묻고 다니는 교인, 하느님 교회, 며칠 전에는 어린이집에서 아이들을 가르친다는 아가씨 둘이가 신천지신문을 주고 갔다. 유튜브에 나오는 간증도 들어보았지만 범람하는 교회에 벽을 느낀다. 교인들은 내게 길 잃은 한 마리 양으로 보일 수도 있다. 인간의 범주는 너무 넓어서 신의 경지를 넘보기도 한다. 물질화된 교회를 포함한 종교의 획일화와 거대한 성찰과 반성의 종교 개혁도 이루어지길 감히 기대해본다.

2021년 12월 2일

엄마가 변했어요

오래전 알고 지내던 지인이 우리 가게에 들어섰다. 60대 후반의 나이인 그녀는 자라목을 하고 등도 굽어서 생기라고는 찾아볼 수 없는 노인 같았다. 요즘으로 보면 그럴 나이가 아닌데 가끔 만나면 딱할 때가 많다. 고향이 동향이라서 친해지기도 했지만 마음도 곱고 이해 폭도 넓다. 겸손하고 예의도 바르며 남에게 폐 끼치는 일은 조금도 안 하는 사람이다. 그런 사람이 찾아와서 조심스럽게 말을 꺼냈다. ABL 생명 보험 회사를 좀 찾아 달라고 했다. 그 순간 나는 종로에서 뺨 맞고 한강에서 눈 흘긴다는 사람이 되어 나도 모르게 버럭 화를 냈다.

그녀가 막 들어오기 전에 가게 밖에 세워 놓은 돌돌이 행거가 옆집 야채 가게로 넘어졌다. 수박이 툭 깨지면서 빨간 속살을 드러냈다. 감 홍시 박스가 바로 옆에 있어서 과일 집 총각에게 혹시 모르니 가까이 두지 말라고 한 적이 있었다. 홍시는 몰라도

수박이 터질지 누가 알았겠는가. 한 통은 거의 박살이 나고 한 통은 조금 찍혔다. 많이 깨진 것은 내가 사 갈 테니 싸 놓으라고 했다. 조금 찍힌 것은 일단 싸게 팔아 보라고 했더니 팔기가 어렵다는 둥 못 팔면 어떻게 하느냐고 하면서 나보고 가서 팔아 오라고 하였다. 과일 집에서 파는 게 맞지 하다가 갑자기 화가 치솟아 올라 행거한테 팔게 해야겠다고 억지 소리를 했다. 말이 통하지 않으니 답답해진 나는 수박 2개 다 가져갈 테니 싸 놓으라고 하고 나와 버렸다. 그랬더니 과일 집 총각이 따라 나오면서 왜 화를 내느냐고 따지고 들었다. 이래저래 옥신각신 소리가 높아졌다. 막내아들뻘 되는 총각과 언성을 높인 내게 화가 치밀기 시작했다.

까마귀 날자 배 떨어진다고 그때 마침 그녀가 온 거였다. 그녀는 핸드폰이 없다. 남편도 자식도 없다. 친정이 부자라서 상속도 많이 받았는데 필요 없다고 도로 돌려주었단다. 참 독특한 성격이다.

돈이 없지는 않아 독거노인에게 주는 정부의 복지 혜택도 받지 못한다. 문명의 혜택을 못 받았다고 할 수도 없다. 신문도 챙겨 보고 책도 잘 본다. 안 아픈데 없이 다 아프다면서 참기도 잘한다. 이가 망가져서 임플란트 값이 수천만 원이 들었다고도 한다. 만날 때마다 핸드폰을 장만하라고 했는데 안 필요하다는 거였다. 다른 거 접어 두고라도 핸드폰을 안 가지고 있다고 버럭 화를 내었다. 인간문화재나 천연기념물이라고 쏘아붙였다. 핸드폰이 없어도 살 수 있다는 게 신기하다. 핸드폰에 길들여진 우리는 한시도 없으면 불편해서 살아갈 수가 없는데 말이다. 병원 접수 때도 제일 먼저 핸드폰 번호를 적는데 그때는 유선 전화번호를 적는지 모르겠다. 자주 병원을 다니면 다음 방문 날짜를 문자로 알려준다. 요즘은 코로나 QR코드 찍기도 해야 하는데 어떻게 병원 출입을 하는지 알 수가 없다. 급할 때는 119도 불러야 한다. 얼마 전에는 의료 사고 후유증으로 턱관절 수술을 하여 입원했다가 퇴원했다고 한다. 불편한 게 한두 가지가 아닐 텐데 어떻게 살아가는지 알 수가 없다.

예전에 사당동에 있는 구 알리안츠 ABL보험 회사가 있는 곳을 찾아 헤매었는데 찾지 못하고 알아볼 길이 없으니 자존심 강한 그녀가 찾아온 것이다. 그전에는 서류를 만들어 직접 찾아가면 보험금 지급이 되었는데 요즘은 전산으로 서류가 오고가고 비대면으로 처리가 된다. 콜센터에 알아보니 서울에는 여의도와 신설동 두 군데에서 대면 지급이 된다고 한다. 전화번호와 주소,

가는 길을 문자로 받고 메모지에 옮겨 쓰는 게 불편하게 느껴졌다. 핸드폰이 있으면 적을 필요 없이 손가락만 움직이면 되는데 하면서 또 화를 냈다. 8살 손자도 쓰는 핸드폰이라고 말해 주었다. 사람이 살아가는 방법도 여러 가지라는 생각을 해 본다.

오후에 야채 가게 총각 엄마가 나왔다. 아들 이야기와 내 이야기를 종합해 들어보더니 행거가 깬 수박을 쪼갰단다. 먹어보니 아삭하게 맛있다고 하면서 한쪽을 가지고 왔다. 콕 찍힌 수박은 내가 사 가는 걸로 수박 사건은 일단락 지었다. 생명이 없는 물건이 넘어져서 사건을 만들기도 한다. 팔자에 없는 겨울 수박을 먹게 되었다.

일상생활을 하면서 하루에도 다양한 사건을 만나고 예기치 못한 일들이 일어난다. 그녀가 자기 집에 도착할 때쯤 되어서 마음이 편치 않아 전화를 했다. 소리를 질러 미안하다고 했더니 아무렇지도 않은지 태연하게 전화를 받았다. 찜찜했던 마음은 다 풀렸다. 친정 부모, 시부모 다 통틀어 봐도 장사로 먹고 살지는 않았는데 장사를 하다 보면 궂은일도 만나고 별별 일을 다 겪는다.

가만히 내 성격을 분석해보면 강한 것 같으면서도 여린 면이 있다. 털털한 것 같으면서 소심하기도 하다. 어쩌다가 실수를 하지 않았는지, 남에게 상처 줄 말은 안 했는지 돌이켜 볼 때가 많다. 언제인가 우리 딸이 엄마 왜? 그렇게 변했냐고 물었다. 조그만 일에 화도 잘 내고 삐치기도 잘한다는 거였다. 자기가 어릴 때 기억하는 우리 엄마 손에는 늘 책이 들려져 있었고 그렇지 않으면 잠자는 모습 두 가지만 생각난다고 했다. 고상하고 우아한 엄마가 되지는 못할망정 버럭버럭 대는 엄마가 낯설다고 했다. 너희들 키우느라 그렇게 되었다고 핑계를 대보지만 변한 건 사실이다.

남편도 옛날의 내가 아니라 억세게 변했단다. 시집오니 당신 엄마가 내가 바깥 활동을 안 하면 단명한다고 해서 열심히 살았다고 말해 주었다. 말은 그렇게 했지만 나의 활동에 한 번도 억울해 하거나 비관한 적은 없었다. 싸움하는 옆에도 못 가던 내가 변하긴 많이 변했다. 내가 변했지만 근본은 그대로라고 중얼거려본다. 그 여인이 다시 오는 날 화내지 말고 강제로라도 끌고 가서 알뜰 폰이라도 장만하라고 권해야겠다.

2021년 12월

균열

지나가는 소리로 큰딸이 다가오는 모레 일요일에 출판 기념회를 한다고 했다. 무슨 출판 기념회냐고 물었더니 6번째 가족 잡지가 나온다고 했다. 가족도 모르는 책이 어디 있느냐고 했더니 동네에 후배가 유명을 달리해서 추모집 형식으로 급하게 책을 만들어서 출판 기념회를 한다는 거였다. 가족이 모여 글과 그림을 넣어 만드는 가족 잡지는 cosmos란 이름을 달고 2013년 1집을 시작으로 이번에 6집이 나왔다.

이제는 가족 잡지가 아니라 동네 잡지가 되었구나 하고 말해주었다. 일요일 낮 시간대에 하는 출판 기념회는 대성황을 이루었다. 후배의 추모회라기보다 젊은이들의 축제 분위기로 빛이 났다. 어쩌다 보니 낄끼빠빠(낄 때 끼고 빠질 때 빠진다)란 젊은이들의 유행어도 지키지 못하고 우리 내외와 대구에서 서울에 다니러 온 남동생 내외가 참석했다가 일찍 자리를 빠져나왔다. 자리를

옮긴 우리는 비싼 고기도 먹고 얘기도 하면서 재미있게 시간을 보냈다. 그런데도 씁쓸한 마음은 감출 수가 없었다. 예전 같으면 사랑방 늙은이가 되었을 나이인데 끼워 주는 것만 해도 고맙지 하며 웃었다.

아이 셋도 성인이 되고 다섯 명의 식구는 각자가 바쁘게 살아가고 있다. 우리 결혼기념일, 생일, 회식, 제삿날 이런 날은 당연히 빠짐없이 참석하고 문제가 없었다. 큰딸이 직장을 가지면서 사회생활을 하니 예기치 않은 일이 발생하기도 했다. 큰딸은 상견례 전날 회사가 바빠 야근을 하고 새벽에 퇴근하는데 택시에 핸드폰을 두고 내리는 불상사가 생겼다. 마음먹은 대로 안 되는 게 사람 일이란 걸 알았다.

큰딸은 결혼하기 이태쯤 전에 2006년 12월 31일 마지막 날은 가족이 다 모여서 가는 해 오는 해 제야의 종소리를 들으며 한 해를 마무리하자고 했다. 그리고 해마다 일 년의 마지막 날은 무슨 일이 있어도 꼭 참석하기로 모두가 약속을 했다. 큰딸은 크고 두꺼운 종이에 가족 5명의 컬러 사진을 붙이고 이름과 나이를 적어서 준비해왔다. 아빠부터 지나온 한 해의 아쉬움과 성취를 적고 새로 시작되는 새해의 소망을 적는 란이 마련되어 있었다. 건강, 다이어트, 금연, 입학, 취직, 각양각색의 소망이 올라왔다. 약속은 깨라고 있다 했던가. 금방 한 해가 지나가면 공수표가 되기도 하지만 또 소망을 적는다. 큰사위가 들어오니 이름 하나가 새로이 생겨나고 공란 하나가 또 채워졌다.

사위는 처가의 문화에 신기해하더니 다음 해는 직접 손으로 노트를 만들어 왔다. 단합은 잘 되었다. 외식을 하는 날은 가끔 노래방 2차를 가기도 했다. 며느리가 들어오고 둘째도 결혼을 하여 식구가 늘어나기 시작했다. 무슨 일이 있어도 한 해의 마지막 날은 말하지 않아도 관례처럼 모였다. 소망 노트가 늘어나고 10년쯤 지난 어느 해부터 이름 아래 이가 빠진 것처럼 아무런 글이 없는 게 생기기 시작했다. 턱밑에 갖다 대야 겨우 긁적이는 아들이 바쁘다는 핑계로 빠지기 시작했다. 며느리도 슬그머니 빠졌다. 그래도 사위들은 장모의 성화에 편승을 한다. 소망 노트를 관리하던 장모도 힘이 빠졌다. 균열이 오기 시작했다. 열정이 식었다. 영원한 것은 어디에도 없다.

이번 연말 모임에는 다 모이지도 않았다. 결혼을 하니 딸린 아이와 식구들이 있고 우리 집 스케줄만 맞출 수 없는 일이 생겨나기도 했다. 우리가 주도권을 잡던 시대는 지나갔다. 60대를 마지막 보내면서 약간은 허망했다. 쌓아 놓은 공든 탑이 와르르 무너져 내리는 기분이 들었다. 품 안의 자식이란 말이 생각났다. 우격다짐으로 되는 일이 아니다.

고인이 된 친구의 남편과 문자를 주고받는 일이 있었다. 친구의 첫 주기 기일에는 어떻게 하느냐고 물었더니 자식들 뜻대로 양력 날짜로 추모일을 잡았다는 거였다. 이제는 자식들이 주인이 되고 우리는 이제 들러리가 되어야 한다는 문자를 보냈다.

뉴스에서는 짓던 건물이 무너져 사상자가 생겼다는 보도를 한다. 지반이 약했든지 아니면 부실공사가 원인이라고 조사에 들어갔다고 한다. 가족과 당연히 비교할 수는 없지만 자꾸만 균열이라는 생각이 머리에 남는다.

식구 다섯일 때 잘 쌓은 5층 탑이 현재까지 11층으로 늘어났다. 11층이 살짝 균열이 갔다. 자식들은 각자의 가정을 가지면서 새로이 작은 예쁜 탑을 쌓기 시작했다. 가족 잡지도 한 해의 소망 노트도 흘러가는 대로 마음 쓰지 않기로 해야겠다는 생각을 해 본다. 이제는 우리의 탑에 연연해하지 않고 각자의 가정에 뿌리 깊고 튼튼한 탑을 만들어 잘살아 갈 수 있는 기원을 해야겠다.

2022년 정월

꼰대 여행

우리나라 나이 65세 이상이면 지공승이라고 한다. 지하철 공짜 승객도 되고 장거리 여행 시 할인도 된다. 어느 날 남편이 대구에서 온 친구를 만나고 왔다. 은퇴를 하고 별 직업도 없는 그 친구가 서울에 올 때면 값도 싸고 주말에도 할인된다면서 무궁화호 열차를 타고 온다고 했다. 마침 사촌 시동생이 며느리를 보게 되어 대구에 갈 일이 생겼다. 우리도 무궁화호를 타고 대구에 다녀오자고 했다. 남편은 예전 생각이 난다면서 느린 기차를 타면 매점에서 파는 즉석우동도 먹을 수 있지 않을까 하고 꿈에 부풀어 있었다. 우리 집에 온 며느리에게 대구 가는 표를 예매해 달라고 했다. 날짜와 시간을 물어보더니 예매를 해 놓았다고 연락이 왔다.

결혼식에 갈 날을 기다리는데 예기치 않게 마음먹은 대로 안 되는 일도 생긴다. 대구에 있는 친정 동생한테 전화가 왔다. 다가오는 토요일에(10.15) 남양주에 사는 막냇동생 환갑을 기념하여 우리 남매들과 자식들을 초대한다는 거였다. 동생은 소규모 체육대회라도 할 요량이었다. 16일 대구 결혼식에 가는 무궁화 열차표는 취소를 하였고 일정이 바뀌어 1박 2일 여행이 되었다. 15일 토요일 친정 동생네서 모임을 하고 다음 날 시집의 결혼식에 참석하는 걸로 최종 결정이 났다. 결혼식 날 입을 남편의 와이셔츠도 새로 장만해 주었다.

아침 7시 30분 동서울터미널에 하루 세 번만 운행하는 버스를 타기 위해 새벽 일찍 준비를 하고 지하철로 가고 있었다. 좋은 날은 매일 오늘만 같아라 하고 살고 있지만 일이 꼬이는 날은 매일 매일이 힘든 것 같은 생각이 든다. 아파트를 벗어나고 사거리를 지나면 바로 지하철 입구가 나온다. 몇 계단 안 되는 에스컬레이터를 타고 내려가 지하철을 탈 수 있는 곳에 왔다. 별일 아닌 말을 주고받았는데 남편은 버럭 화를 내며 손에 들었던 가방을 내게 던져주며 혼자 가라는 거였다. 그러더니 오던 길을 돌아서 가는 게 아닌가.

너무 갑자기 일어난 일이라 환장할 노릇이었다. 전광판에는 초록 불을 켠 지하철이 빠르게 들어오고 있었다. 속은 시뻘건 불이 되어 끓어오르고 있었다. 이 차를 놓치면 어떻게 그 먼 길을 가야 할지 아득하기만 했다. 돌아보니 마음이 변했는지 느린 걸음으로 저만치서 남편이 오고 있다. 내려오니 지하철이 바로 앞에 들어서고 있었다. 그때까지도 남편은 꿈지럭대며 내려오고 있었다. 잠시 정차했던 지하철 문이 스르르 닫히고 있었다. 급한 김에 발을 지하철 문에 끼웠다. 두 번 시도를 했지만 야속한 문은 바로 앞에서 닫히고 말았다. 갈 길은 먼데 이런 황당한 일이 일어나다니 정말 미치고 폴짝 뛸 일이 벌어졌다. 철부지 아이도 아닌 어른이 어떻게 이럴 수가 있을까 싶었다. 세상의 욕을 다해도 시원치 않을 일이다.

모진 말을 한다고 해결될 일이 아니다. 이미 차는 떠났다. 마음을 가다듬고 지하철 노선 검색을 했다. 두 번의 환승을 하고 강변역에 도착하면 출발 시간 6분 전이 된다. 서둘러가야 동서울 터미널에서 시외버스를 탈 수 있다. 지하철을 타고 터미널 갈 때까지 따로 앉아서 가다가 환승할 때만 속 졸이다가 힐끔 보면 슬금슬금 따라 내리는 게 보였다. 다행이지만 겨우 시간 맞춰 버스에 오를 수 있었다. 나란히 앉았지만 싸울 수도 없고 툭 튀어나온 내 입은 들어갈 줄 몰랐다.

동생네 도착했지만 냉랭한 분위기는 계속되었다. 모두 모여 선물 교환을 할 때도 케이크를 자르고 노래방 기계를 틀고 큰소리로 노래를 불러도 혼자서 자는 척하며 몸살기가 있다고 누워 있는 거였다. 분위기, 매너 빵점인 나이든 남자였다. 친정, 시집의 행사를 유쾌하게 보내지 못하고 화를 낸 한 사람이 있었지만 행사는 끝났다. 서울로 오는 기차 시간이 남아 역 부근에서 남편 친구를 만나 커피를 마시고 시간을 보내다가 여유롭게 KTX를 타고 앉았다.

여자 승무원이 우리 앞에 섰다. 손님들은 어디에 가시는데 공석에 앉았느냐고 물었다. 무슨 소리 하느냐고 우리 딸이 며칠 전 표를 예매했다고 하며 핸드폰으로 보내온 표를 보여 주었다. 그러자 열차를 타기 전에 발권을 해야 하는데 안 해서 우리 자리가 날아가 버린 거였다고 했다. 공석이 된 자리에 대전에서 손님이 탄다는 거였다. 발끈한 남편은 그럴 리가 없다고 우기고 있었다. 난 아파서 입석으로 갈 수 없다는 거였다.

딸과 승무원이 통화하면서 딸은 어떻게라도 자리를 마련해 주라고 하는 모양이었다. 황당하기도 하고 웃음도 났다. 승무원이 카드를 내라고 하더니 그 자리서 대전까지는 입석표로 끊어주었다. 조금 있으니 승무원이 와서 대전에 도착하면 수유실이 있으니 아버님은 거기 앉아 가라는 거였다. 대전에 도착하여 수유실을 찾아가니 그 승무원이 수유실 문을 열쇠로 따주면서 아픈 환자분 죄송합니다! 하고 입석으로 가는 사람들이 다 들리도록 큰 소리로 몇 번을 말하는 거였다. 남편은 끝까지 환자 코스프레를 하고 수유하는 자리에 앉았다. 무안한지 슬그머니 핸드폰을 꺼낸다. 승무원은 떠들고 완벽한 연기는 끝이 났다.

그때부터는 똘똘 뭉쳐 한편이 되었다. 천안에 도착하니 승무원이 또 불렀다. 두 자리가 났다고 다른 칸으로 옮겨 타라고 했다. 승무원이 살짝 와서 말했다. 어머니 요금은 내지 말고 그냥 타고 가라고 선심을 써주었다. 동대구에서 서울로 오면서 반값도 안 되는 요금을 지불하고 서울에 도착했다. 처음부터 차를 가지고 갔으면 괜찮았을까? 하루가 다르게 변해가는 세상, 라떼(나 때)는 말이야 하다가 망신 당하기 십상이다. 집에 와서도 자존심은 살았는지 남편은 계속 몸살기로 핑계를 대며 몸살약을 찾아 입에 털어 넣는다.

처음부터 삐걱대던 여행, 꼰대 여행은 끝이 났다.

2022년 10월의 마지막 날

꼰대 엄마

둘째 딸이 지하 2층 주차장에 곧 도착하니까 엄마가 내려왔으면 했다. 아이 둘 데리고 친정을 오니 보통 짐이 많은 게 아니다. 설에 올 때보다는 짐이 많이 줄었다. 아이들 크는 만큼 비례하여 짐은 줄어들었다. 4월 27일(목) 제사를 시작으로 5월 1일 근로자의 날까지 연휴라니 아들, 손자를 시작으로 차례차례 우리집으로 오게 되었다. 자식이라도 결혼하기 전 같이 살 때 하고는 마음가짐부터 다르다. 친손, 외손이 셋이니 각자 비위도 맞춰야 하고 누구를 편애해서도 안 된다. 할머니의 자리가 쉬운 게 아니다.

딸은 모처럼 3박 4일 일정인데 근처에 사는 친구네 1박 하고 우리집에 2박 하기로 하고 왔다. 불편한 동거가 시작되었다. 라떼(?)는 하다가 꼰대 되기 십상이다.

아들은 제사음식이 잔뜩 남아 있는데 물어보지도 않고 피자라지 2판을 시켰다. 밥도 아이들 반찬 어른 반찬 따로, 빵 달라는 아이, 밥 달라는 아이, 몇십 년 길들인 입에 짝짝 붙는 믹스 커피는 내 꺼, 집 커피는 제쳐두고 맛있다는 커피집에서 배달 시켜 먹는 딸, 못마땅해하는 엄마 꼰대, 거실은 장난감과 이불로 난장판이다. 이틀만 참자며 속으로 다짐한다.

딸은 아침에 눈 뜨자마자 우리 동네 새로 생긴 미술관에 가자고 말했다. 오전 내내 벼르다가 3대가 움직이니 점심때나 되어서 가게 되었다.

나눔 공간 스페이스 K에서 '블리스 폴'이라는 제목으로 조각, 설치, 퍼포먼스 등 다양한 매체를 활용해 종합예술 공간을 연출하는 유명한 작가인 볼리비아계 미국인 '도나 후앙카'의 전시가 열리고 있어 보러 왔다. 토요일 오후라서 손님이 붐빌 줄 알았는데 우리 가족밖에 없었다. 직원이 더 많다. 입장권을 사는데 성인 1명, 강서주민이면서 경로 우대 1명, 초등 3년 부성이(청소년) 1명, 가원이와 기윤이(37개월)도 미취학생으로 입장료를 내고 들어갔다. 기존에 가 봤던 미술관을 생각하며 들어갔는데 달랑 한 공간에 무엇을 표현한 건지 이해도 못 하는 대형 그림 2점, 가운데 무대 같은 곳에 폐비닐을 녹여서 얼키설키해 놓은 작품 하나, 그 외 3점 그게 끝이었다. "이게 다야?" 엄마의 큰소리에 딸은 조용하라며 집게손가락을 입에 갖다 댄다. "엄마 몰랐어요? 요즘 트렌드는 단순한 게 대세야." 미술에 문외한인 나는 입장료가 아깝다며 투덜대는 꼰대가 되었다.

아이 셋 키울 때는 백화점 옷보다 시장 옷을, 계절이 바뀔 때 한 치수 크게 사 놓으면 그다음 해까지 입힐 수 있도록 알뜰하게 살림을 했던 게 떠오른다. 요즘에 아이들은 엄마가 그리 살았다면 이해나 할 수 있을는지? 일과 살림을 병행하니 바쁘기도 하겠지만 하고 이해를 해 본다. 그래도 제 자식들 일이라면 도시락 하나라도 쌀 때 그 어느 예술 작품보다 더 정성을 기울여 만든다. 사교육비도 만만찮게 들어간다. 교육도 자유롭게 시키지만 아이들이 원하는 것이라면 뭐든지 다해 준다. 내 눈에는 그렇게 비친다.

외손 가원이가 철 이른 여름 조리 신발이 신고 싶다 해서 백화점에 들렀는데 동생 기윤이 것도 사게 되었다. 모처럼 할머니 체면이 있지 하며 딸이 계산하겠다는 걸 내 카드로 얼른 결제를 했다. 급하게 하느라 늘 하던 가격표 확인도 없이 계산을 했다. 나중에 영수증을 보니 생각보다 많은 금액이 찍혀 있었다. 손바닥만 한 신발값에 놀랐지만 라떼는 말이야를 목구멍 깊이 숨겨야 했다. 며칠 뒤면 어린이날이니 그동안 못다 한 할미 노릇 한번 하기로 생각했다.

딸은 아이들 태우고 차 안에서 재우며 밤 시간을 이용해 집으로 갔다. 썰물처럼 빠져나간 집은 고요하고 적막했다. 잘해 주고 더 챙겨 줄 걸 하는 아쉬움이 남는다. 아직도 엄마가 해 주는 찐 깻잎을 강된장에 싸 먹는 맛이 최애 음식이라는 딸이긴 하다. 유일하게 대우받는 것이 엄마의 손맛이다.

다음 날 아침 전화를 하니 가원이는 발등에 큰 분홍 하트가 얹힌 조리를 신고 가깝게 사는 친할머니네 자랑하러 간다고 했다. 예전에 사람들이 흔히 하는 말이 떠올랐다. 부모 모시는 큰며느리가 잘하는 것은 당연하다 생각하고 모처럼 용돈 주는 작은며느리 최고라고 자랑을 한다는 시어머니가 있다고 들었다. 손주들이 말만 하면 다 사주는 시어른들에게 친정엄마가 신발 사줬다는 이야기는 한 번만 하라고 주의를 주었다. 전화 너머로 하는 이런 소리도 꼰대의 잔소리로 들리려나?

위로는 어른들 봉양하고 자식들 키우느라 허리띠 졸라매던 우리와는 달리 흥청망청 헤퍼 보이지만 꼰대 탈피하려면 입은 닫고 지갑은 열어야 한다는 게 맞는 걸까?

그런데 자세히 얘기 듣고 보면 요즘 젊은이들이 현명하고 지혜롭게 잘 사는 것 같기도 하다. 시간만 나면 전시 보며 여행 다니는 아이들이 부럽기도 하다. 우리 젊은 시절 못한 걸 할 수 있는 자식들을 보며 엄마 꼰대는 대리만족을 한다.

2023년 5월

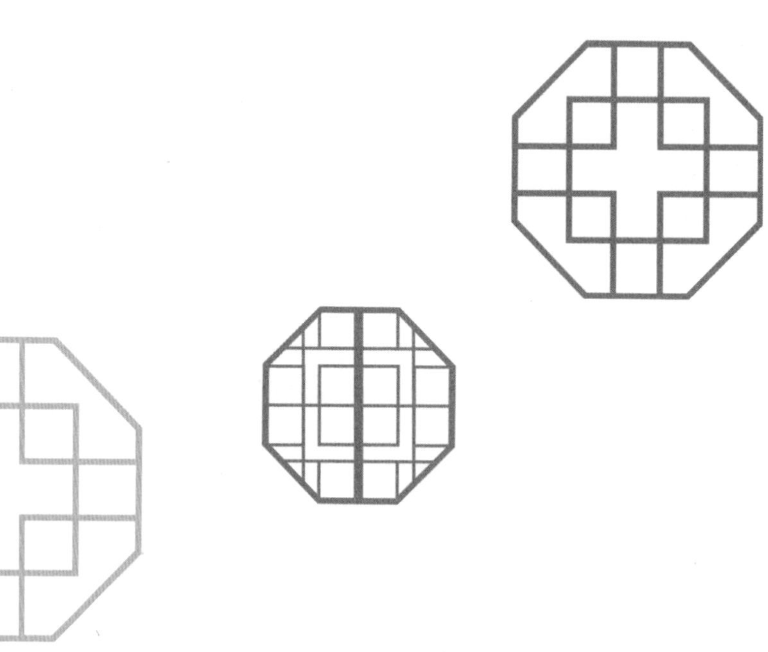

2

환상의 콤비

편한 나이

분야는 다르지만, 주부이면서 직업을 가진 여자 다섯 명이 만났다. 휴일도 아닌 월요일인데 각자 시간을 조절해서 맞출 수 있었다. 종로에서 만나 경기도 이천에 있는 농장으로 봄나물을 뜯으러 간다는 명목을 앞세웠다. 승용차 하나로 옮겨 탄 우리들은 봄 소풍을 가는 아이들처럼 들떠 있었다. 2시간 남짓 가는 거리에 수다 방이 차려졌다. 화두는 자식들 이야기, 나이 이야기, 여러 가지 이야기 끝에 손주 이야기를 할 때는 할머니들의 눈이 반짝이며 모든 시름을 잊어버리는 시간이었다.

60대 나이의 다섯 명 중에 세 명이 69세다. 사회에서 동갑내기를 만나기는 그렇게 쉽지는 않다. 올해만 지나면 7자를 다는 나이가 되니 속절없는 세월에 무상함을 느낀다. 10년 전 59세 나이 때 아파트 경로당에서 60세 이상 어르신들은 점심때 무료 짜장면을 먹여준다는 방송을 듣고 화들짝 놀란 적이 있었다. 그리고 또 십 년이 후딱 지나갔다. 그래도 지금 나이가 좋다고, 젊은 날로 다시 돌아가고 싶지는 않다고 입을 모아 이구동성으로 말했다.

햇볕은 빛났고 차창 밖으로는 장호원이란 팻말이 보이는 곳에 복숭아꽃이 봉오리를 맺고 산천은 연녹색의 잎들이 푸름을 더해 가고 있다. 우리들은 연신 '너무 좋다'를 연발하며 탄성을 질렀다.

농장에 도착한 우리는 소쿠리를 옆에 끼고 50여 년 전의 십대 소녀가 되어 나물을 뜯으러 나섰다. 일행 다섯 명 중 우리를 초대한 농장주 누나는 우리보다 많은 나물을 알고 있었다. 처음 뜯어보는 가시오가피순, 망초 순, 머위, 쑥을 수북수북 한 소쿠리씩 뜯었다.

점심은 큰 단풍나무를 머리에 이고 평상에 앉아 특별히 준비했다는 도드람 가브리살을 숯불에 굽고, 갓 뜯은 상추와 야채 쌈을 먹었다. 그 맛은 가히 일품이며 꿀맛이었다. 고기에 곁들인 쑥국은 국을 끓일 때 쑥을 치대서 생채기를 많이 내어 퍼런 물이 나와야 맛있다고 했다. 사람도 상처 없는 사람이 어디 있겠냐며 겉에 보이는 상처가 아닌 속에 상처가 많은 사람일수록 성숙해지고 편안하며 사람 냄새가 난다고 결론을 지어 보기도 했다. 살아온 연륜이 대화 속에 있었다.

둘째딸이 결혼을 하니 사위도 생기고 외손도 보고 사돈이란 관계로 또 하나의 인연으로 맺어져 형성되는 가족 관계가 된다. 둘째딸네 식구들과 사돈, 우리 세 집이 가끔 만나서 식사도 하고

대화도 자주 하는 편이다,

인연이란 묘해서 알고 보니 바깥사돈과 내가 아는 문우님이 같은 직장 출신이다. 문우님이 우리 사돈과 술자리를 함께하자는 부탁을 받고 주선을 하게 되었다. 마침 외손자 돌날 사돈을 만나게 되어 우리 남편과 안사돈이 있는 자리에서 이야기를 꺼냈고 그 자리에서 전화를 하여 만날 약속이 이루어졌다. 옛날에는 사돈이라면 평생을 안 보고 살 수도 있고 어려운 자리로 알고 있었는데 그날은 문우님과 바깥사돈 셋이 만나 유쾌한 자리를 보낼 수 있었다. 꼭 내외해야 할 일이 아닐 수도 있겠지만 이 자리를 만들게 된 것은 직장 동료인 관계도 있고 문학을 논하는 자리이기도 했다. 부담없이 만날 수 있었던 것은 나이도 먹을 만큼 먹어서 덕본 게 아닌가 하는 생각을 해 본다. 나이가 들어가는 게 나쁜 것만은 아닌 것 같다.

오늘은 양배추를 사 왔다. 양배추 양에 비례해 소금 2%를 넣고 주물러서 물이 나오고 숨이 죽으면 유리병에 담아 일주일 지나서 먹으면 발효되어 아삭아삭하며 맛이 좋고 유산균 덩어리가 된다. 사람도 서로 부대끼고 어우러지면서 양배추에 함유된 유산균이 되듯이 익어가는 게 아니겠는가?

70대를 목전에 두고 쪼그려 앉아서 나물을 뜯으니 다리도 아프고 허리도 아파 왔지만 '너 늙어 봤니, 나는 젊어 봤단다.' 하는 노래도 흥얼거려 본다. 우리들은 자연스런 노화에 순응하며 60대의 마지막을 보내자고 했다.

농장주가 토지를 임대해 주었다는 끝이 보이지 않는 땅에는 진녹색 잎의 도라지와 파란 하늘이 맞닿아 자라고 있었다. 60대가 가기 전에 올해의 도라지꽃을 꼭 보러 오자는 약속을 남기고 서울로 향했다. 마음대로 여행할 수 있고 케어 해야 하는 딸린 식구도 없는 이 나이 참 편한 나이다.

2021년 5월

캥거루

가지고 있는 가방 중에서 즐겨 사용하는 낡은 캥거루 가죽 가방이 있다. 그 가방을 보니 호주와 뉴질랜드 여행이 떠오른다. 7년 전 뉴질랜드와 호주는 계절이 우리나라와 정반대라고 해서 출발 전부터 기대에 부풀어 있었다. 시드니를 거쳐 뉴질랜드 오클랜드 국제공항에 도착한 우리 일행은 짐을 찾기 시작했다. 일행 중 몇 분의 캐리어가 도착하지 않아 처음부터 삐걱대기 시작했다. 가까운 마트에서 생필품을 사서 쓰고 일행끼리 조달했지만 한계가 있었다. 하루가 지나고 이틀 밤이 되어도 짐은 오지 않았다. 3일째는 호텔에 모여 숙소에 들지도 않고 가이드에게 시위를 했다. 우여곡절 끝에 짐이 왔다.

뉴질랜드 북섬에 있는 반지의 제왕 호빗의 촬영지인 호비튼 마을, 깨알을 뿌려 놓은 듯 수많은 양떼들, 와이토모 반딧불이 동굴, 남섬에서는 밀퍼드 사운드, 햇빛에 눈 부시게 반짝이는 맑고 푸른 테카포와 와나카 호수를 두루 관광하고 호주로 넘어왔다.

호주는 지구의 남반부에 위치해 있으며 태평양과 인도양을 사이에 두고 있다. 세계에서 가장 큰 섬이며 6번째 면적이 넓은 나라다. 많은 섬으로 이루어진 주권국이다. 시드니 오페라 하우스는 시드니를 상징하는 랜드 마크로도 유명하다. 가장 먼저 떠오르는 대표적인 건축물로 조개껍질 모양의 이색적인 외형이 특징으로 유네스코 세계유산에 등재되어 있다. 사진으로만 보던 오페라 하우스를 눈으로 직접 볼 수 있다는 게 꿈만 같았다. 일행 중 성악을 하는 아우는 너무 좋아서 어쩔 줄 몰라 했다. 정상에서 보는 블루마운틴은 검푸른 색의 밀림처럼 보였다. 오픈된 케이블카에서 갑자기 몰아치는 비바람에 머리카락이 달라붙어 젖은 생쥐 꼴이 되었다. 한 사람은 선물로 받았다는 아끼던 실크 스카프를 날려 보냈다. 바로 앞에서 날아가는 스카프에 손을 뻗었지만 잡힐 듯한 스카프는 끝내 잡히지 않고 펄럭이며 사라져 갔다. 우리는 블루마운틴 어딘가의 나뭇가지에 걸려 있을 거라는 상상을 하고 아쉬움을 달랬다.

관광지의 특산물은 이제 우리의 발걸음을 잡지 못한다. 글로벌화 된 세상은 어디를 가던 구매가 가능하다. 뉴질랜드에서는 관절에 좋다는 초록 홍합을 팔았지만 사지 않았다. 호주 관광지에서도 선물을 놓쳤다.

여행이 끝나는 날 며칠 뒤면 남편의 생일이란 게 떠올랐다. 시드니 공항면세점에서 급하게 누런 황금색 시계를 선물로 샀다.

옆에 친구는 중국 갑부가 좋아할 것 같은 시계라며 깔깔대고 웃었다. 생각 없이 면세점을 돌던 나는 나에게 잘 어울릴 것 같은 캥거루 가죽 가방을 구입했다. 회색빛이 도는 카키색의 크로스 가방은 처음에는 크기가 적당해서 샀는데 7년이 지난 지금도 본전을 뺄 만큼 제일 많이 이용하는 가방이 되었다. 여자들은 옷이나 장신구에 관심이 많다. 특히 가방과 신발은 우리 나이쯤 되면 자기가 사지 않으면 자식한테 선물 받은 명품이나 준 명품 몇 개쯤은 가지고 있다. 내가 캥거루 가방을 가지기 전에는 캥거루에 대해 관심이 없었다.

캥거루는 호주에서만 볼 수 있는 희귀동물이다. 꼬리와 뒷발이 발달하여 몸이 근육질이라 한다. 호주에 살고 있는 캥거루의 수는 4천5백만 마리가 된다고 하니 2천5백만 호주 인구의 1.5배가 된다. 어릴 때는 아버지가 캥거루표 가죽 벨트를 썼던 기억이 난다. 내가 캥거루 가방을 써보니 색감도 마음에 들고 어찌나 가죽이 가볍고 유연한지 다른 가방으로 바꿔 쓰다가도 또 그 가방을 찾게 된다. 호주에 갈 수만 있다면 다시 가서 사 오고 싶은 마음이 들 정도다. 남편은 그렇게 좋은데 2개를 사 올 것이지 하기도 한다. '누가 알기나 했어.'라고 말했다.

요즘은 캥거루족이란 신조어가 있다. 자식을 과보호하고 감싸다 보니 25살이 되어도 뚜렷한 직장 없이 독립하지 못하고 캥거루의 아기주머니처럼 엄마한테 붙어서 생활하는 사람을 일컫는 것을 말한다. 우리 모두에게 경각심을 주는 말이다.

마음에 드는 가방을 7년이나 쓰고 나니 겉가죽도 낡고 가방 속 천은 색도 바래고 더 낡았지만 쉽게 버릴 수가 없었다. 어쩌다가 명품 수선집을 알게 되어 수선 의뢰를 했다. 오래전에 큰맘 먹고 산 명품 가방이 있다. 손잡이가 낡은 명품가방 2개를 교체할 때 캥거루 가방을 같이 보냈다. 명품 가방 한 개의 손잡이 교체 수선비는 16만 원이었다. 돈이 들어도 좋으니 캥거루 가방을 어떻게 해 보라고 했다. 수선집에서 전화가 왔다. 많은 가방을 수선했지만 처음 보는 가방이라고 했다. 이런 가방은 멋스럽기도 하고 희소성도 있지만, 가죽을 구할 수가 없어 도저히 손을 쓸 수가 없다는 거였다.

택배로 다시 돌아온 가방을 보니 비싼 가방도 아닌데 더 애착이 갔다. 돌이켜보니 캥거루 가죽 가방과 함께한 7년이란 세월이 눈 깜짝할 새 지나갔다. 캥거루는 소와 같은 초식동물인데 가죽은 소가죽보다 훨씬 약하다. 가방을 볼 때마다 페더데일 야생 동물원에서 본 캥거루와 호주 여행의 추억이 묻어난다. 버리려니 아까워 속 천을 구해 내피(內皮)라도 내가 교체해 봐야겠다는 생각을 해 본다.

요즘 세상은 한 집 건너 한 집에 캥거루 가족이 있다는데 우리집은 캥거루 가족이 아닌 것만으로도 고마워해야 하나.

2022년 4월 꽃 봄

환상의 콤비

의학 용어로 역병이라는 코로나가 세계를 뒤흔들고 기상대는 올해의 장마가 최장 기록을 세우고 있다고 한다. 햇빛도 구경 할 수 없는 비가 내리는 여름의 한가운데 서 있다. 『못 말리는 가족』 수필집 첫 출간을 하고 출판 기념회도 서둘러 끝을 냈다. 이번 달은 좀 한가하고 숨을 돌리면 또 다른 행사들이 줄을 잇는다. 어떤 때는 많은 스케줄을 소화해 내는 내가 대견하기도 하고 이 나이에 이게 어디야 하면서 즐거운 비명을 지르기도 한다. 책 500권이 집에 배달되었고 책을 읽어본 지인들이 보내 주는 격려, 조언, 축하 메시지를 읽는 재미도 쏠쏠하다. 책들은 박스 속에서 빨리 꺼내 달라고 아우성이다. 아이들이 성가할 때 쓰던 낡은 인명부 수첩을 꺼냈다. 출판 기념회 때 책을 못 가져가신 분이나 만나서 직접 전해 주지 못한 분들을 위해 우편으로 보내 드릴 분들을 선별한다.

얼마 전 중국인 젊은 부부의 유튜브를 본 적이 있다. 아예 하반신이 없는 남자와 팔꿈치 아래 팔이 없는 여자가 서로의 팔과 다리가 되어 도우면서 유쾌히 살아가는 내용이었다. 안쓰러우면서도 둘이 한몸이 되어 불편함 없이 살아가는 것을 보고 감동을 받았다.

책을 보내려고 보니 주소 쓰는 것도 만만치 않다. 책 겉봉에 쓰는 주소는 남편에게 써 달라고 했다. 책 앞장 여백에는 인사말과 사인을 하는 걸로 역할 분담을 했다.

백지장도 맞들면 낫다더니 훨씬 수월했다. 남편이 주소를 쓰면 내가 사인한 책을 봉투 속에 넣는다. 봉투를 스카치테이프로 마무리할 때도 한 사람은 테이프를 들고 한 사람은 가위를 들고 자르고 붙이니 쉽게 할 수 있었다. 한번은 사촌 오빠한테 보낼 책과 시동생 책을 바꿔 넣는 실수를 범했다. 마침 남편이 최종 점검을 하다가 발견하여 실수는 안 했지만 아찔했다. 사인 아래 날짜가 빠졌다고 지적해 주기도 한다. 받는 분은 하나하나 소중한데 실수를 하고 있다. 책의 무게도 만만치 않다.

아이들이 어릴 때 운전 면허증을 남편보다도 먼저 취득했다. 그동안 아이들도 성인이 되어 각자 차를 운전해서 잘도 다닌다. 부럽기도 하다. 그사이 몇 번의 운전 연수도 했다. 그래도 남편은 절대 운전대를 맡기지 않는다. 불안해서 맡길 수가 없다고 한다. 차가 꼭 필요하면 어디든지 달려와 주니 큰 불편은 없지만 평소에 운동 신경이 제로라고 구박 받았는데 진짜 길치, 몸치가 되어버렸다. 이번에도 남편의 덕을 톡톡히 보았다. 거의 2개월의 통원 치료를 하루도 빠지지 않고 동행해 주었고 책을 보낼 때도 한달음에 달려가서 부치고 오곤 했다.

남편은 너무 꼼꼼해서 평소에는 일을 잘 시키지 않는다. 하루 종일 거기에 매달려서 시간 소비를 하기 때문이다. 마트에 물건을 사고 박스 포장을 해 올 때도 생전 안 풀 것처럼 야무지게 꽁꽁 싸맨다. 그게 불만이다. 남편의 실수는 내가 도와준다. 젊을 때는 실수를 말해 주면 욱하기도 하고 자존심도 상해하였는데 같이 나이가 들면서 '미안해' '고마워'라는 말을 자주 쓰니 가정이 평화롭다. '당신은 내가 있어야 돼' 하는 말에 당신은 운전을 잘하고 나는 밥을 잘하니 우리는 없어서는 안 될 환상의 콤비야 하고 말해 주었더니 우리는 불가근불가원(不可近 不可遠)이란 말이 돌아온다. 이는 너무 가까이할 수도 없고 그렇다고 멀리할 수 없음을 뜻한다고 했다. 불의 경우는 너무 가까이하면 타서 죽고 멀리하면 얼어 죽는 경우도 생긴다 했다.

농담이 섞인 말이지만 우리 부부에게도 필요한 말처럼 들린다.

이제 결혼 생활 40년을 넘기면서 이만하면 됐지, 불편한 몸을 한 젊은이들도 저리 살고 있는데 미운 정 고운 정 나누면서 남편의 말대로 타서 죽지도 얼어 죽지도 않을 만큼 거리를 두고 불가근불가원으로 살아가야겠다는 생각을 해 본다.

2020년 8월 13일

랍스타

2008년 세 모녀가 패키지로 태국여행을 갔을 때 일이다. 꼬박 하루는 자유시간이 주어졌다. 남의 눈을 의식하지 않아도 되는 이국땅에서 신이 난 딸들은 비키니 차림으로 수영을 하고 시내도 활보했다. 색다른 음식을 많이 사 먹어 배가 잔뜩 부른데도 저녁 호텔에 들어가기 전에 우리나라에서는 비싸서 사 먹기 어렵다고 하면서 랍스타를 먹자고 했다. 두 딸은 먹자고 하고 나는 먹지 말자고 한참을 다투다가 먹지 않았던 생각이 난다. 기회가 주어지면 먹는 것이 맞다는 후회를 하기도 했다. 어느 지인은 새우나 게 같은 갑각류는 노동에 비해서 입에 들어가는 게 없다고 안 먹는다고 했다. 또 어려운 자리는 더욱 먹기가 거북할 때도 있다. 몇 년 전 친정 모임 때는 영덕대게를 편하게 마음 놓고 맛있게 먹은 적이 있다.

손자 부성이가 어디서 들었는지 랍스타를 먹고 싶다고 했다.

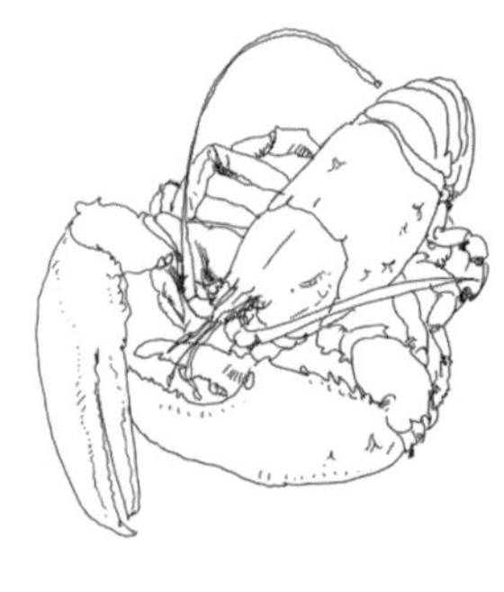

지 엄마랑 모처럼 간 제주도 여행 때도 먹지 못했다고 아쉬워했다. 랍스타에 대해 손자보다 더 지식이 없는 내가 인터넷에 검색을 해 보았다. 킹크랩은 게보다 억세게 생겼지만 게 과에 들어가고 랍스타는 가재 과에 속한다고 되어 있다. 대게, 홍게 랍스타, 킹크랩은 맛도 조금씩 다르다고 쓰여 있고 요리법도 나와 있었다.

토요일 어느 날 부성이가 1박 2일로 엄마와 떨어져서 우리 집에 놀러 왔다. 말은 하지 않았지만 할아버지는 손자를 위해 랍스타를 먹이고 싶어 했다. 동네에 랍스타 파는 집을 검색하고 집을 나섰다. 우리 부부, 아들, 손자 4명이 걸어서 사거리에 나왔다. 랍스타 집이 있는 건물을 몇 바퀴 돌며 아무리 찾아도 검색했던 집이 나오지 않았다. 폐업한 것 같았다. 같은 건물에 간판도 다르고 층도 다른 랍스타 집이 있어서 들어갔다.

부성이와 어른 3명의 테이블에 4명의 수저가 세팅이 되며 메뉴판이 나왔다. 랍스타 1인분에 10만 원 4명이면 40만 원이었다. kg로 먹을 수 있느냐고 하니 그렇게는 먹을 수 없다고 잘라서 말하는 대답이 돌아왔다. 더 이상의 융통성은 없었다. 혹시나 하고 대게는 얼마냐고 물으니 1인분에 125,000원 4명이면 50만 원이었다. 무슨 특별한 날도 아니고 생일도 아닌 한 끼 식사로는 너무 비싼 가격이었다. 어떻게 할까 망설이는 남편에게 그냥 나가자고 했다. 슬그머니 일어서서 나오는데 뒤꼭지가 약간 따가웠지만 길어야 30초면 된다는 생각을 하고 괜찮아! 괜찮아! 하면서 최면을 걸며 나왔다. 남편은 비싸다고 먹지 않고 음식점을 나오는 것은 생애 처음이라며 검색한 집은 20만 원이면 먹을 수 있었는데라고 말했다.

랍스타 말고는 다 사 준다 했더니 부성이가 돈가스나 파스타 정도는 먹을 줄 알았는데 자장면을 먹겠다고 했다. 다행하게도 엄마의 품을 떠나 자유인이 된 부성이는 휴대폰을 보느라 먹는 것에는 관심도 없었다. 맞은편 2층 건물에는 홍콩반점이라는 네온사인 간판이 여유롭게 번쩍이고 있었다.

그중 비싼 면과 탕수육을 시켜도 착한 값 4만여 원이었다. 랍스타 값의 10분의 1 값이었다. 중식으로 배부르게 먹었지만 우리는 비싼 몸값의 랍스타는 구경도 못하고 돌아왔다. 꼭 고급스럽고 우아하게 먹을 필요는 없다고 생각했다. 집에 돌아온 남편은 큰돈을 썼으면 후회할 뻔했다고 하면서 쿠팡에 들어가서 새벽에 도착할 수 있는 랍스타를 주문했다. 일요일 부성이가 돌아가기 전에 먹여서 보내겠다는 거였다.

아침 현관문을 여니 어느새 랍스타가 도착해 있었다. 참 편리한 세상에 살고 있다는 생각을 했다. 박스를 여니 노끈에 집게가 묶인 빨간 랍스타가 모습을 드러낸다. 배운 대로 등딱지를 떼 낸 위에 모차렐라 치즈를 듬뿍 올리고 전자레인지에 돌렸더니 빨간 몸에 치즈가 생크림처럼 녹아 내렸다. 할아버지는 손자를 위해 몸통을 자르고 살을 발라내고 정성을 다한다. 부성이는 치즈를 쭉쭉 늘리면서 랍스타보다 치즈를 더 잘 먹는다. 요리가 잘못되었는가 맛이 없는가 하고 나도 한 점 집어 먹어보니 살은 딱딱하고 두 번 다시 먹고 싶은 마음이 없어졌다. 비싼 것은 한 마리에 몇십만 원 하는 것도 있다고 들었다. 비싼 몸값치고는 맛은 영 아니다. 자주 먹는 꽃게탕이나 게장이 훨씬 맛있다.

어느 해인가 TV에 '니가 게 맛을 알아'라는 광고가 유행한 적이 있다. 2002년 탤런트 신구가 헤밍웨이의 '노인과 바다'를 패러디하여 찍은 광고 내용에는 사람보다 더 큰 게를 잡아 작은 배 위에 싣고 돌아와서 '니들이 게 맛을 알아'라고 외치는 장면이다. 게 속살로 만든 크랩 버거란 이름의 햄버거 선전이다. 그만큼 맛이 있고 먹어봐야 안다는 선전이다. 얼마나 유명했으면 20년이 지난 지금도 이 문구가 회자되고 있다.

이번 구정에는 '랍스타보다 꽃게 맛이야!' 외치면서 식구들이 다 모였을 때 아이들이 좋아하는 매운 양념게장이나 푸짐하게 만들어 먹어야겠다.

2020년 1월 구정 밑

오지랖

요즘은 경제가 어렵다느니 인정이 메말랐다는 말을 흔히들 한다. 나름 힘든 시절도 있었지만 아이들 출가 시키고 나니 경제적으로나 시간적으로 우리 부부가 누리는 편안함, 지금이 봄날이 아닐까 하는 생각을 할 때가 많다.

어린 시절에 본 친정엄마는 사람을 참 좋아했다. 읍내의 5일장이 서는 날이면 불콰하게 술 한잔 걸친 시골의 외 7촌 아재가 짐받이 자전거를 끌고 '아지매' 하고 부르며 들어선다. 그런 아재한테도 엄마는 짜증 한번 내지 않으며 반갑게 맞이했다. 사회생활을 하고 결혼을 한 뒤 가끔 친정에 가서 보면 엄마는 먹을 것을 만들어 친구들을 불러들이고 햇살 좋은 툇마루에는 항상 음식이 차려진 상을 마주하고 동네 사람들을 대접하는 것을 볼 수 있었다.

결혼하기 전에는 엄마의 그런 것을 이해하기도 싫었고 탐탁지 않게 여긴 적이 많았다. 넓은 오지랖으로 괜히 설거지만 많이 만든다고 생각을 한 것 같다.

결혼을 하고 아이 셋이 되면서 봄이면 뜰 한쪽에 목련이 벙그러지게 피고 대문 위에는 넝쿨 장미가 꽃을 피우는 한옥으로 이사를 했다. 집이 넓어지니 시어머니도 자주 오셨고 군대를 전역한 막내 남동생도 함께 더불어 살 때였다. 어느 날 남편이 우연히 길에서 만났다는 고교 동창생과 함께 집으로 왔다. 알고 보니 그 친구는 늦게 결혼하여 이제 막 임신한 각시와 우리집과 담을 사이에 두고 신접살림을 차리고 있었다. 동네에서 알게 된 한 선배는 경동시장에서 한의원 하는 매형을 돕는다고 했다. 선배가 퇴근해서 올 때면 참새 방앗간처럼 우리집을 들르게 되었다. 서울에서 만난 대구 고향 남자 셋은 우리집이 아지트가 되었고 집은 사람들로 늘 북적였다.

겨울이면 거실에 놓인 연탄난로 위 주전자에서는 뽀얀 수증기가 뿜어져 나왔다. 기저귀가 널린 거실 난로에 양미리를 굽고, 전을 부치고, 수산시장에서 사 온 붕어로 조림을 해서 막걸리를 먹느라 매일 상이 차려졌다. 봄에 아이들이 장난감처럼 사서 키우던 노란 병아리는 마냥 커서 큰 닭이 되었다. 닭을 잡겠다고 장정들 몇 명이서 씨름을 하던 때도 있었다. 고만고만한 아이들 키우는 젊은 시절 이었지만 나도 모르게 자주 상을 차리는 우리 엄마를 닮아 있었다. 아파트로 이사를 하면서 주택에서 살던 그 시절은 예쁜 추억이 되었다.

아파트로 이사 와서 남편과 나는 이웃들과 아이들을 데리고 뒷산에 올라가 삼겹살 구워 먹이는 걸 좋아했다. 80년대 후반에는 입산 금지, 취사 금지란 게 없던 시절이라 가능했다. 우리들은 그때도 늘 새로운 이웃들과 함께했다.

친밀하게 이웃을 벗하며 지냈던 시절도 아이들이 크면서 줄어들고 외식 문화가 자리 잡았다. 가끔 그 생활이 그립기도 하지만 생활의 패턴도 많이 바뀌었다.

친정 남매들이 모이면 자식들의 꽃을 피우기 위해 거름이 된 엄마의 이야기가 화두가 되었다. 엄마의 딸인 나보다 올케들이 며느리로 살아온 세월이 더 많다. 무엇이 시어머니를 존경한다는 생각이 들었는지는 알 수 없지만 베풀기 좋아했던 엄마를 올케(엄마의 며느리)들이 존경한다는 소리를 할 때면 어떤 소리와 비교할 수 없을 만큼 감동이 온다.

먹거리를 잘 보내 주는 동생이 며칠 전 우리 집에 들른 적이 있었다. 이것저것 필요한 것을 싸 주고 있는데 갑자기 남편이 이것도 가지고 가라며 쇼핑백을 내밀었다. 안을 보니 치약과 칫솔이 잔뜩 들어 있었다. 동생 내외를 보내고 나서 말했다. 오래 두고 써도 괜찮은 공산품인데, 아이들이 오면 가끔 찾기도 하는데 하니 아직 많이 남아 있다는 거였다. 동생이 가고 난 며칠 뒤 잘 모르는 빈 통이 나와 있었다. 이게 뭐지 하고 봤더니 몇 달 전 노브랜드에서 산 동그란 예쁜 통 속에 15개의 칫솔이 담겨 있던 통이었다. 어느 누가 친동생 주는 것을 아까워하겠냐마는 사위가 장모님을 닮았나? 못 말리는 오지라퍼라는 생각이 들었다.

휴일이라 남편과 둘이서 TV 홈쇼핑을 보았다. 늘어난 몸 때문에 가죽 재킷을 새로 산다고 했더니 색깔도 골라주고 봄 코트 하나 더 사라고 부추겨서 갑자기 2별을 사게 되었다. 이건 오지랖이 아니고 사랑인가!?

둘만 사는 집 식탁에 모닝 빵과 밤 팥빵이 놓여 있었다. 웬 빵이냐고 물었더니 나 개강 날 가져갈 간식을 사 왔다고 했다. 이미 엿을 사 놓았다고 대답했지만 웃음이 나왔다. 미워할 수 없는 오지라퍼에게 최근에 산 종합비타민 한 알을 물과 함께 물려주니 입꼬리가 올라간다. 잔소리 대신 비타민 한 알! 우리는 이렇게 늙어가는 것이 아니라 익어가는 겁니다.라는 노래를 흥얼거려 본다.

2023년 3월

예단

막냇동생 내외가 우리집에 왔다.

식구들을 모아놓고 청, 홍보에 쌓인 작은 함을 식탁에 내려놓는다. 며칠 전 동생은 며느리를 보게 되어 상견례를 했다. 결혼 말이 나온 지 며칠 되지 않았는데 다음 달에 결혼 날이 잡혔다. 동생은 예비 사돈네에 봉채를 보냈고 답례로 보내온 예단비를 들고 대구 형들한테 갔다가 우리집까지 순회를 하고 있다. 정작 손위인 우리 아이들 결혼식 때는 간소화, 허례허식이라고 하면서 모든 걸 생략했었는데 조카며느리의 예단비를 받고 보니 품격과 예의가 느껴지며 우리는 너무 소홀하게 식을 치른 것 같아 아이들과 사돈들한테 새삼 미안한 기분도 든다.

30여 년 전 군대 전역을 한 막냇동생은 우리집에 기거하며 자형 소개로 회사에 취직을 하였고 거기서 미대를 수석으로 막 졸업해서 취업 나온 아가씨를 알게 되었다.

어느 날 동생이 아가씨를 우리집으로 데리고 온다고 했다.

온다는 시간에 맞춰 나와 아이들은 새 숙모가 될 사람을 보겠다고 설레고 있었다. 아파트 3층에서 내려다보니 마직으로 된 검정 원피스를 입고 허리가 잘록하고 훤칠해 보이는 아가씨가 동생이랑 오고 있었다. 그 뒤 난관도 있었지만 둘은 불꽃 튀는 연애 끝에 시골 총각과 서울깍쟁이 아가씨가 결혼을 했다.

상큼한 훈남, 잘록한 허리는 세월 속에 묻히고 희끗한 머리 후덕한 시부모 자리가 되어 내 앞에 앉아 있다.

형제간에도 추억은 공유할 수 있지만 영 다른 추억과 기억이 있다.

올케가 형님을 부른다. "형님! 우리 결혼할 때 제가요 어머님과 시숙, 형님들 앞에서 가구당 50만 원씩만 해 주세요, 했잖아요." 한다.

갓 졸업한 스무 네댓 살 되는 아가씨가 당돌한 제안을 했다고 한다. 나는 정말 처음 듣는 소리였다. 가족 누구한테도 들은 적이 없었다. "나는 그때 뭐 했는데" 하니 "형님은 출가외인이었잖아요." 한다. 생각해 보니 올케 친정에서는 기대했던 맏딸이 갑자기 시집을 가겠다고 하고 막 취직한 총각은 금방 제대를 한 주제에 무슨 기반이 있었을까? 생각하니 이해가 되었다.

올케는 예비 며느리가 써 온 손편지를 보여 주고 예단비를 건네주며 살아온 이런저런 이야기로 눈물을 글썽인다.

우여곡절 녹록지 않은 삶을 30년 넘게 열심히 살아냈고 아들

둘도 중국 유학을 시켜서 반듯하게 키워냈다. 올케는 자연산 식초 만드는 과정을 연구하고 실험하여 자연산 식초, 5분 고추장 만드는 식품계 경기도 식초 장인이 되어 활동하고 있다. 남편이 가끔 말한다. 사막에서라도 살아낼 수 있는 사람들이라고….

둘은 무던히도 의견 충돌을 겪었다.

모난 돌 둘이 만나 부딪치고 부대끼며 몽돌이 되었다.

올케는 지금은 남편이 세상에서 제일 미남이고 좋은 남편이라고 추켜세운다.

동생 나이 50대 후반에 며느리를 본다.

모델 뺨치는 아들과 그에 못지않은 탤런트를 며느리로 맞는다. 열심히 살아온 부모 밑에 자란 조카도 부모님을 본받아 잘살아 내리라 기원해 본다.

친정엄마가 살아 계실 때 엄마를 잘 챙기던 동생이 엄마가 계시지 않으니 엄마를 챙기듯이 누나가 힘들어하면 같이 가슴 아파했고 우리 아이들한테도 소홀하지 않은 참 든든한 동생 내외이다.

동생이 주고 간 은행에서 갓 찾은 것 같은 빳빳한 돈을 앞에 놓고 생각을 정리해 본다. 물자가 귀한 시절에는 예단비를 받으면 양복이나 한복을 맞춰 입곤 했지만, 요즘은 옷이 귀한 시절이 아니니 예쁜 조카며느리가 보낸 예단비에 축의금을 더블로 보태서 축하해 주어야겠다는 생각을 해 본다.

2020년 10월 가을

갈치

대문 밖만 나서면 머리와 몸이 싸우는 갈등이 시작된다. 아파트단지를 벗어나면 사거리 신호등을 제일 먼저 보게 된다. 초록불이 켜져 있으면 뛸까? 말까? 갈등한다. 조금 뛰기만 하면 다음 신호에 걸리지 않고 도로를 건널 수 있는데 생각하며 머리가 시키는 대로 달릴 때가 더 많다. 지하철 9호선 신방화역에서 일반을 타고 쭉 당산역까지 가면 앉아서 간다. 그런데 서서 갈지, 앉아서 갈지는 모르지만 급행으로 갈아타면 일반보다 8분이 단축된다. 8분 땜에 또 갈등이다.

홈쇼핑에서는 갈치와 조기를 묶어서 팔고 있었다. 쇼호스트의 현란한 말솜씨는 달콤했다. 지난번 3번의 쇼핑 판매가 호응이 좋아 전부 완판했다고 떠들고 있다. 화면에는 갈치를 굽고 졸이는 요리를 하고 있었다. 맛있어 보였고 중간 토막의 살집은 두툼했다. 사지 말라고 말리는 사람도 없는데 이리 재고 저리 재고 갈

등을 하다가 저질렀다. 토막을 낸 갈치의 수를 세어 보았다. 49,900원 비싼 것도 아닌데 결정 장애가 또 발동했다. 좀스럽긴 하고 혼잣말을 했다.

갈치란 놈은 오래전에 먹은 기억에만 머물러 있다. '치' 자란 이름을 달고 멸치 꽁치와 동급으로 제사상에도 오르지 못하는 갈치, 갈치가 흔했을 때에는 다른 생선을 살 때 덤으로 끼워 주기도 했다고 한다. 사람은 중간 살만 발라 먹고 뼈는 개를 주었다는 잡어 주제에 공급이 줄어서 행세하는 생선이 되어 버렸다. 나는 갈치와 고등어 중 고등어를 좋아하고 더 많이 먹었다. 값으로 따져도 고등어가 쌌고 살집도 넉넉하니 선호를 했던 것 같다. 어느 해 갈치를 먹어보겠다고 갈치의 값을 물어봤는데 한 마리에 2~3만 원 하는 비싼 몸값에 놀랐다. 살도 많지 않고 뼈만 많은 갈치라고 애써 외면하며 질보다 양에 기준을 두며 살았다. 등 푸른 생선인 고등어를 먹자는 생각을 하면서 갈치에 대한 미련도 없애고 사 먹는데도 인색했던 것 같다.

한 지붕 아래 50년 가까이 살아도 식성이 전혀 다른 남편과 살고 있다. 쇠고기를 좋아하고, 생선은 구운 것을 좋아하는 남편, 돼지고기를 더 좋아하고 졸인 생선을 좋아하는 아내, 이 입맛은 죽을 때까지 맞춰도 못 맞출 것 같다.

TV에서 보여 주는 갈치는 가운데 토막만 요리를 해서 더 두툼해 보인 것이리라 생각은 했다. 그래도 혹시나 큰 게 오지 않을까 하는 요행을 바라기도 했다. 택배가 오기 전에 생선 크기에 실망하지 말자는 최면을 수없이 걸었다. 주문한 택배가 왔다. 제주 은갈치 15마리를 세 토막씩 해서 15봉지, 조기는 10마리씩 3봉지 30마리가 왔다. 크게 실망은 하지 않았다. 크기는 작아도 신선했다.

일단 갈치 세 토막을 식용유를 넉넉하게 두르고 바짝 튀겼다. 아내가 갈치 요리를 안 해 주니 먹을 수 없었던 남편은 노릇하게 튀긴 갈치 가장자리 뼈를 발라내고 잘도 먹었다. 아내는 발라낸 가장자리 뼈가 아깝다고 아작아작 씹으면서 말한다. 남편, 자식 위주로 살아온 아내의 자리가 왠지 억울해서 괜히 심술을 부려본다. 몇십 년 만에 먹어보는 갈치, 어릴 때 먹고 처음 먹어본다며 구시렁거렸다.

누구나 잘 알고 있는 예화를 들기도 한다. 예전에 엄마가 자식들 먹이려고 생선 머리만 먹었더니 장가가서도 우리 엄마는 몸통보다 생선 머리를 좋아한다고 말했다는 얘기도 하고, 엄마가 밥 먹을 때마다 밥그릇에 밥을 반만 먹고 얼른 밥그릇의 치워버리니 자식들이 의아해했는데 나중에 알고 보니 엄마의 밥그릇 안에 하얀색 무를 둥그렇게 잘라 넣어 밥처럼 보이게 하고 밥은 위에 조금만 덮어서 먹었다는 이야기도 해준다.

내가 그 엄마의 주인공이 되어 희생한 엄마처럼 억지를 부려본다. 남편에게 무언가 모르게 억울한 것 같아 이런저런 말을 툭 던져 놓고 생각해보니 제주 여행 때 통 마리 은갈치 요리도 먹었고, 남대문시장에 가서 갈치조림도 가끔 사 먹은 게 떠오른다.

유독 집에서만 갈치요리를 해먹은 기억이 없었다. 갈치 사는데 인색했던 내 탓인데 괜히 남편한테 원망을 해댔다.

멍게 좋아하는 남편, 생굴 좋아하는 아내를 위해 두 가지를 주문해서 배달시켰다. 멍게와 생굴도 도저히 둘이 맞출 수 없는 입맛이다. 갑자기 식탁이 풍성해지며 바다 내음 나는 해물 잔치가 되었다. 밀봉된 갈치 3팩을 열고 6토막은 무 깔고 조림을 하고 3토막은 지글지글 굽고 있다. 지금 와서 둘의 입맛을 맞추는 것보다 좋아하는 입맛을 찾아 한 가지 재료로 2가지 음식을 하면 되는 거다.

나이가 들면 몸에 좋은 것 먹으려고 스트레스 받지 말고 입맛에 맞는 걸 먹어야 한다는 소리가 마음에 와닿는다. 갈치가 큰 것은 길이가 2m도 넘는다 하니 억세서 먹고 싶어도 뼈는 먹을 수 없겠다. 식구들을 위해 임무처럼 먹던 생선뼈와 껍질, 잔반처리를 말로만 그만 먹겠다고 하지만 어쩔 수 없는 주부의 알뜰 식단은 아직도 진행 중이다. 앞으로는 생선 살 때 갈등도 하지 말고 두툼하고 실한 갈치를 사서 먹어야겠다.

2023년 4월

우리 엄마는 그랬다

환아! 환아!

우리 엄마는 끝 자가 돌림자인 우리 육남매를 이렇게 불렀다. 아침밥 뜸을 들이면서 우리들을 깨우셨다. 밥솥과 주걱이 부딪쳐 달그락거리며 밥 푸는 소리가 잠결에 어슴푸레 들려와야 우리는 부스스 일어나 등교 준비를 하곤 했다. 소리쳐 환아를 부르긴 했지만 자식들에게 매 한 번 댄 적이 없었다. 우리 엄마는 그랬다.

결혼을 하고 친정엘 갔다. 아침에 눈을 뜨자마자 엄마는 누비 포대기에 손주를 들쳐업고 두부, 콩나물을 사고 생닭도 두어 마리 사들인다. 엄마의 등에 맡긴 아이 덕에 아침잠은 꿀맛이었다. 아침 시간은 넉넉해서 너희들 자는 시간에 몇 가지 일을 보았다고 하시는 소리를 친정집에 머물 때마다 엄마에게 들어왔다.

엄마의 기척에 일어나야지 하면서도 또 스르르 잠에 빠진다. 이래서 친정은 편한 거라고 생각했다. 얼마 지나지 않아 밥 익는

냄새가 나고 엄마는 서울의 우리 집 밥솥보다 큰 냄비에 닭개장을 끓이고 호박잎을 찌고 뚝배기에는 청양고추를 넣은 강된장을 끓여 밥상을 차려낸다.

어제 강원도 양양에 여행을 온 우리들은 소나무가 멋들어지게 늘어진 해변이 있는 펜션에 왔다. 고기도 구워 먹고 밤늦게까지 놀았다. 동생네와 우리 아이들은 이 방 저 방 흩어져서 한창 달콤한 아침잠에 빠져 있다. 펜션을 살그머니 빠져나와 외손녀 가원이를 앞으로 안은 채 앞 띠를 하고 골목 산책에 나섰다. 6월의 이른 아침 6시 골목은 맑고 투명하게 밝은 햇살로 빛나고 있었다. 잘 나왔지… 혼잣소리로 중얼거려본다. 조용한 골목에 어제 잠깐 눈인사만 했던, 햇살 아래 유난히 까만 옷이 돋보이는 펜션 주인을 만났다. '일찍 일어나셨네요?' 하며 인사를 건네 온다. '예' 하고 대답했더니 아기가 너무 예쁘다고 말하였다. 호젓한 골목길에서 둘의 대화는 계속되었다. 젊은 그들 부부는 서울에 직장과 집을 가지고 있으며 우리 큰아이와 동갑이었다. 성공의 한계는 어디인지 모르지만 젊은이에게 힘을 실어 주고 싶은 마음이 들었다. '젊은 나이에 성공했네요.'

싱싱한 담쟁이가 기어오르는 골목을 빠져나와 바다를 끼고, 파도 소리를 듣고 모래톱에 납작 엎드린 야생초도 만나보고 일부러 시간을 길게 잡아 돌아다니다가 펜션에 돌아오니 가원이 엄마인 우리 딸은 모처럼 편하게 꿀잠에 빠져 있다. 예전에 우리 엄마 전철을 밟고 있는 나는, 나도 모르게 엄마를 닮아 있었다.

딸을 무한 사랑했을 우리 엄마! 그때는 우리 엄마는 잠도 없어라며 중얼거리곤 했는데 이게 엄마 마음이고 희생인 것을 그때는 몰랐다. 할머니가 되고 보니 조금 피곤해도 일어나서 아이를 봐주고 도움이 된다면 나 하나의 잠쯤이야 하는 생각에 몸은 새털처럼 가벼웠다. 엄마 마음이 지금의 내 마음인 것을….

딸이 깨어날까 조바심치면서 딸 몰래 토닥토닥 가원이를 재우는 할머니가 되어 있다. 엄마가 환아를 부를 때 급하면 우리 남매 이름을 차례대로 다 부를 때가 있다. 나는 안 그럴 줄 알았는데 어느새 우리 엄마를 닮아가고 있다. 호야, 쩡아, 빼야 세 아이의 이름을 번갈아 가며 다 부르고 있는 나를 발견한다.

만나고, 이별하고 우리 가족 16명이 묵었던 펜션을 정리하고 쓰레기까지 버리고 차에다 짐을 싣는다. 아까 만난 펜션 주인이 예쁜 아기를 찾는다. 9개월 가원이 손에 1만 원을 쥐여 준다. 언제 볼지 모를 헤어짐인데 이게 정이란 건가? 사회는 아직 인정이 메마르지 않았구나, 작은 마음 씀이 고마움으로 다가온다.

우리 엄마도 손주 손에 지폐를 쥐여 주곤 했었지. 아이들이 동영상을 보내온다. 하루가 다르게 자라는 손주들… 어찌나 뿌듯한지 엄지 척과 하트를 보낸다.

아이들은 내게 어쩜 외할머니랑 말과 행동, 모습이 똑같으냐고 외할머니를 보는 것 같다고 한다. 맞아, 지하철을 탔는데 차창에 비치는 내 모습이 우리 엄마 같아서 깜짝 놀랐다고 말해준다. 엄마는 지금 계시지 않지만 예전의 엄마처럼 할머니 노릇을 톡톡히 하는 한 할머니가 되어 있다.

6남매를 낳아 기르고 손자녀 12명이 엄마의 등을 거쳐 갔다. 그 아이들이 자라서 또 자식을 낳고 할머니가 된 우리의 등을 빌린다.

엄마는 두 번째 뇌출혈로 쓰러지시곤 최장수 통반장 장부를 인수인계하고는 큰아들 따라 병원에 입원했다. 수입도 없는 노인이 아들 며느리가 보내준 용돈을 아껴서 모은, 숫자 동그라미 7개가(1천만 원) 찍힌 우체국 통장과 아버지가 남겨 놓은 집문서를 병원비에 보태 쓰라고 아들에게 넘겼다. 우리 엄마는 그랬다.

하얗게 서리가 내리던 밤 달빛 창가 혼자가 된 엄마 집에는 자식을 키우듯이 대청마루가 환하게 어른 주먹보다 더 큰 하얀 국화꽃을 키워내고 있었다. 우리 엄마는 그랬다.

하나뿐인 사위가 처가에 오면 우리와 입맛이 다른 사위를 위해 닭개장 옆에는 항상 간장과 고춧가루 종지를 별도로 놓아서 상을 차리던 엄마였다. 나도 우리 엄마처럼 사위 식성을 알아차리는, 간장 종지 대신 올리브유가 들어간 소스와 케첩을 놓는 장모가 되어 있다.

엄마는 별명이 여장부였지만 헌신적이고 희생적이고 남의 허물도 잘 덮어 주었다. 평소에 다섯 며느리 흉보는 걸 본 적이 없었다. 돌아가신 후에는 며느리에게 존경받는 어머니로 남아 있었다. 우리 엄마는 그랬다.

2021년 6월

조카 연정이

연정이의 주선으로 꽃이 흐드러지게 핀 봄날에 고속버스를 탔다. 그 아이는 코로나가 극성인 지난해 11월에 결혼했다. 친정 남동생의 외동딸인 그 아이는 어릴 때도 예쁘고 똑똑했지만 결혼식 날에는 더욱 눈부시게 아름다웠다. 시부모님 되신 분은 아들만 둘인데 며느리를 딸처럼 무척 예뻐했고 사돈인 우리 남동생 내외도 좋아했다. 결혼식 다음 달 연말에 양쪽 사돈들이 정동진에서 만나 12월의 마지막을 함께 보내고 해돋이를 보자는 약속을 했다. 코로나로 인원 제한이 강화되면서 약속이 취소되었다. 어차피 여행하기로 마음먹었으니 그 아이의 시집인 강화에 사돈이 된 내 동생 내외를 초대했다. 1박 2일 후한 접대를 받고 강화도 관광도 즐겁게 하고 헤어졌다.

이번에는 그 아이의 친정 부모(내 동생 내외)가 사돈을 초대했다. 사돈을 초대했으니 동생은 누나인 나도 오라고 했다. 그 아이도 하나뿐인 고모가 왔으면 했다. 우리 내외가 고속버스를 타고 내려가면서도 이 자리에 끼어도 되는지 걱정스러웠다.

우리가 도착하니 동생 내외는 사돈 맞을 준비로 분주하였다. 저녁때가 되니 멀리 강화에서 경북 군위까지 사돈 내외가 도착하고 그 아이도 신랑과 함께 도착했다. 인사를 나누고 음식이 차려지고 분위기는 고조되었다. 동생네 사돈과의 동석이 껄끄러울 줄 알았는데 사람 사는 게 거기서 거기라고 시간이 흐를수록 친해졌다. 전혀 염려할 일이 아니었다.

대화는 여기저기 소재를 만들며 끝없이 이어졌다. 한쪽에는 팔씨름이 벌어졌다. 몸이 날씬하고 야리야리해 보이는 아이지만 누구에게도 팔씨름을 져 본 적이 없다고 하며 친정 엄마와 팔씨름을 하더니 단박에 이겼다. 당차게 생긴 시어머니와도 팔씨름을 해서 이기는 진풍경이 벌어지기도 했다. 처음 만난 사람들의 화젯거리는 무궁무진했다. 자식들 이야기, 살아온 이야기를 하면서 가까운 이웃처럼 느껴졌다.

다음 날 늦은 아침을 먹고 4쌍, 8명은 삼국유사*의 고장 경북 군위 관광에 나섰다. 춥지도 덥지도 않은 봄 날씨는 나들이하기에 최상이었다. 우리나라 최초의 김수환 추기경 생가, 생가에 딸린 '사랑과 나눔' 공원도 둘러봤다. 마침 사돈네가 가톨릭 신자여서 무척이나 좋아했다. 바위에 석굴을 파고 불상을 모신 군위 부계에 있는 제2석굴암 관광도 했다. 맛집을 찾아다니며 즐겁게 식사도 했다. 가는 곳마다 웃음은 끊이지 않고 대화는 계속되었다.

이틀째 밤에는 그 아이와 신랑이 처음 만났을 때 이야기를 들었다. 여행을 좋아하는 그 아이는 코로나로 해외여행은 갈 수가 없고 제주도 한 달 살기를 하러 갔다가 두 달 쉬러 온 신랑을 만났다고 했다. 처음 만나서 대화를 하는데 보통의 남자들은 잘 하지 않은 가족 이야기를 많이 했다고 한다. 그래서 우리 집안과 닮은 점이 많아 마음을 열었다고 했다. 어깨가 떡 벌어진 신랑은 알 만한 사람은 아는 프로 야구 선수였다. 야구 구경하기를 좋아하는 그 아이가 처음에는 프로 야구 선수를 신랑감으로 생각하지는 않았는데 알 수 없는 게 사람 인연이라고, 사귀게 되었고 결혼으로 이어져 조카사위가 되었다. 신사의 스포츠라 일컫는 야구를 프로 야구 선수로 키울 때까지 사돈의 정성과 애환을 이야기로 들을 수 있었다.

전날 제2석굴암 관광 때에 마스크를 썼는데도 프로 야구 선수를 알아보는 팬도 있었다. 그것을 보는 어른들은 투수의 각진 사각 어깨가 자랑스러웠다.

사돈집과 화장실은 멀수록 좋다는 옛말이 있지만 이제는 그 말을 바꿔야 할 것 같다. 화장실은 가까울수록 좋고 사돈과의 거리도 좁혀지니 참 좋은 자리였다. 자식을 나눠 가진 사돈들과 우리 내외, 이상한 조합이지만 헤어질 때까지 웃음은 끊이지 않았다. 사양했지만 차를 가져가지 않은 우리를 위해 사돈은 서울 우리 집까지 태워주고 가겠다고 했다. 마지막 속 풀이 오찬을 하는 자리에서 국제 오지랖 우리 큰딸한테 전화가 왔다. 돈을 조금 부쳤으니 숙모님이 고생한 수고비와 사돈 차 기름값을 드리라고 했다. 큰딸의 깜짝 서프라이즈에 우리 부부의 기도 살고 자식 키운 체면 유지도 충분히 하게 되었다. 사돈은 3년 웃을 웃음을 2박 3일 동안 다 웃었다고 하며 다음에 기회가 있으면 또 만나자고 했다.

연정이가 말했다. 내가 고모를 무척이나 좋아하고 말도 잘 듣는데 고모가 낸 책을 아무리 샅샅이 뒤져도 내 이야기는 하나도 없다고 서운해했다.

그래 오늘은 네 이야기다.

연정이는 심O범, 심 선수, 심 프로, 심 서방 4가지 이름을 가진 사람을 신랑으로 데리고 왔다. 6개월 몸을 만들어 아기를 가지겠다는 연정이, 엄마 닮은 당당하고 명랑한 예쁜 아기, 아빠 닮은 건강하고 프로 기질 있는 아기 낳기를 고모가 응원할게. 우리 연정이 파이팅!

*삼국유사(三國遺事): 고려시대 승려 일연(一然)이 충렬왕 7년(1281년)에 인각사(麟角寺)에서 편찬한 삼국 시대의 역사서이다.

2022년 4월 30일~5월 2일

쓸쓸한 뒷모습

며칠 전 남편은 내게 일요일에 약속이 있느냐고 물었다. 없다고 대답했다. 둘이 살면서 각자의 생활이 있고 무엇이 그렇게 바쁜지 둘만의 시간이 부족하니 일요일만이라도 둘이서 보내기로 나 혼자 마음속에 작정한 터였다. 남편은 2일 뒤면 시어머님 기일이니 일요일에 어머님을 모신 납골당에 다녀오자고 했다.

말끔하게 면도하고 옷을 고르고 작은딸이 신혼여행 때 사 온 실크 머플러를 둘렀다가 풀었다가 분주했다. 속으로 나 몰래 약속이라도 잡힌 줄 알았다. 좋은 일이라도 있는 것처럼 여느 때보다 기분이 좋아 보였다. 주차장을 벗어나면서 큰딸한테 전화를 넣으라고 했다. 대답도 없이 금방 전화가 끊어져서 영화를 보는 줄 알았다. 조금 있으니 사위 폰으로 전화가 왔다. 인천 송도에 있는 도예전시장에 갔다가 나오는 길인데 내비게이션을 켜서 길을 찾으며 오느라 전화를 못 받았단다. 동네에서 3시에 약속이 있어 빨리 가야 하니 끊으라고 했다. 도로에는 낙엽이 뒹굴며 스산한 바람이 부는데 뒷맛이 개운치 않다. 아이들은 늘 바쁘지 혼잣말을 해 본다.

납골당에서 어머님을 뵙고 납골당을 떠나기 전 남편은 손자에게 전화를 거는 거였다. 손자에게 아빠는 뭐하느냐 물으니 '잠자요,' 엄마는? 청소한다는 대답이 돌아왔다. 이놈 봐라, 평소에는 할아버지 어디세요?라고 묻는데 오늘은 묻지도 않네 하고 전화를 끊었다. 아들네는 우리 집에 3년을 같이 살다가 올 초에 분가를 하였다. 소통의 창구는 자연스레 여덟 살짜리 손자가 되었다. 납골당의 위치가 우리집과 아들 집의 중간 정도에 있으니 아들네 식구들과 밥이라도 먹으려고 했단다.

몇 개월 전 남편은 C형 간염 진단을 받았다. 자식들에게 걱정을 끼칠까 봐 둘이 몰래 병원을 다녔다. 3개월 약을 먹고 완치 판정을 받았다. 다 나았다니 무척이나 좋아했다. 집을 나설 때는 미리 약속은 안 했지만 삼 남매 중에 한 집이라도 같이 놀아줄 거라고 생각했나 보다. 둘째는 아이 둘 육아에 헉헉대고 있을 테니 전화도 넣지 않았다. 자식들과의 조우는 불발로 끝났다. 아이들은 아빠가 완치되어 기분 좋아 밥을 사겠다는 것도 모르지만 부모 입장에서는 서운했다.

소통의 문제가 있긴 했다. 8살 손자와 통화하고 끝내긴 했지만 우리 욕심 같아서는 아들이나 며느리가 마음을 헤아려서 왜 전화를 했는지 궁금해서 되물어 오기를 바랐는데 그런 일은 일어나지 않았다. 전화를 기다리는 마음은 같이 놀아주기를 바라는 마음보다 부부간에 혹시 무슨 일이 있나 하고 찜찜한 마음이 더 크게 똬리를 튼다. 부모는 자식이 잘살기만을 바랄 뿐이다.

모처럼 빼입은 바바리 속에 축 처진 남편의 어깨가 안쓰러워 보인다. '아빠 멋있어요.' 하며 엄지 척을 받아야 하는 은빛 실크 스카프가 지는 노을과 함께 희끄무레하게 풀이 죽어 보인다. 데이트 신청을 했다가 거절당해서 낭패 본 느낌이랄까?

남편은 둘이 맛있는 걸 사 먹고 들어가자고 했다. 나는 둘이서 무슨 재미로 먹느냐고 하였다. 재래시장에서 기일 때 쓸 도라지, 시금치 야채 장을 보고 생물 오징어와 생굴을 사서 집에 있는 인삼막걸리나 한잔하자고 말했다. 남편은 당신이 없었으면 어쩔 뻔했느냐고 한다. 웃으면서 「있을 때 잘해」라는 노래가 있다고 말해 주었다. 아이들과 약속을 안 해도 척척 맞을 때가 있는데 오늘 같은 날은 많이 실망스러웠나 보다.

두툼하게 살이 오른 오징어를 데치고 소금물에 굴을 씻어 소쿠리에 받쳐 놓았다. 한껏 모양내어 예쁜 접시에 담고 야채를 곁들였다. 투명한 유리잔에 뽀얀 막걸리 두 잔을 따르고 사진을 찍어 가족 카톡방에 올렸다. 좀 전의 일을 알 길 없는 아이들은 즉각적인 반응을 보여 온다. '아빠 엄마 행복해 보인다.' '아 맛있겠다.' '우리는 석화와 와인 파티'라며 사진을 보내온다. 아이들은 이렇게 행복하게 열심히 살고 있는데 우리 욕심이 과했다고 남편에게 말했다. 둘이서 북 치고, 장구 치고 했지만 보내온 카톡을 보고 남편의 구겨진 자존심은 조금 만회가 되었다.

우리가 젊을 때 아이들 셋 데리고 대구에 있는 시댁에 들렀다가 서울 올라올 때면 시부모님은 우리 차가 시야에서 사라질 때까지 야윈 손을 흔들고 계셨다. 황혼에 한발씩 다가서는 현재의 우리 모습인 것을 자식들은 부모가 언제나 건강하고 젊을 줄 안다. 기다려 주지 않는다는 것을 그때는 몰랐다. 오늘도 부모는 자식을 향한 짝사랑에 목말라 있다.

손자 부성이한테 전화를 했다. 꼭 먼저 할머니가 전화를 걸어야 하느냐고 했더니 부성이 말이 바쁜 할머니, 할아버지한테 먼저 전화하지 않는 것은 배려하는 거라고 했다. 조그만 아이 입에서 배려란 소리가 신기하기만 했다. 배려할 것 없이 아무리 바빠도 부성이 전화는 받을 수 있으니 먼저 하라고 했다. 남편한테 부성이가 이렇게 말했다고 하니 조금 얼굴이 펴졌다. 나이 들어가는 쓸쓸한 남편의 뒷모습이 나의 모습과 오버랩된다.

여보! 건강하게 둘이 잘살아 가는 게 자식들 도와주는 거라고 말해주었다.

2021년 11월

달래촌

두 달 전부터 카톡방에 9월 말~10월 초 연휴에 여행을 가자는 의견이 돌았다. 3박 4일 쉬었다 오는 걸로 의견이 모아졌다. 최종적으로 7명이 가는 걸로 합의가 되면서 왕복 버스를 예매하고 숙박이 결정되었다.

4년 전 강원도 양양 산골에 위치한 자연이 살아 숨 쉬는 달래촌(川月村)이라는 곳에 간 적이 있었다. 그날 동행한 지인은 달래촌을 잘 알고 있었다. 새로운 곳에 새로운 사람을 만난다는 것은 충분히 설레고 기대를 하게 된다. 첫 대면하는 날 윤기 나는 반백의 긴 생머리를 하고 차분하게 보이는 그녀는 달래촌의 대표였다. 조금 있으니 나이를 가늠할 수 없는 민머리를 하고 개량한복을 입은 다부지게 생긴 중년이 나타났다. 얼핏 보면 스님처럼 보인다. 그 사람은 달래촌의 촌장으로 불러주기를 좋아하며 달래촌을 일궈낸 사람이다. 실제로도 타지에서 왔지만 10년 넘게 이장직을 맡은 사람이다. 20년 전에 서울 생활을 청산하고 전국을 돌며 임야를 찾아다니다가 산세와 지형에 반해 자리를 잡았다고 한다. 말 그대로 '산이 정원'이란 이름처럼 자연을 살리고 산 그 자체가 정원인 곳이다.

불교에서 말하는 시절 인연이 되어 그곳을 자주 가게 되었다. 코로나로 뜸하긴 했지만, 올여름에는 새조위(새롭고 하나 된 조국을 위한 모임) 행사의 일원으로 워크숍에 자주 참석하게 되었다.

일 때문에 가는 거랑 쉼으로 가는 것은 마음 자체가 살짝 다르기도 했다. 나이가 60대를 넘기고 70을 향해 달려가는 7명이 모임의 호칭을 칠 공주는 어색하고 七 仙女(칠 선녀)로 부르기로 했다. 바쁜 일상생활을 탈피하여 모든 걸 내려놓고 달래촌을 향하는 칠 선녀들은 들떠 있었다.

달래촌이라 하면 얼핏 머루와 다래라든가 아님 달래 냉이가 떠오른다. 알고 보니 여러 뜻이 함축되어 있었다. 몸도 달래, 마음도 달래, 삶도 달래, 웃어 달래, 안아 달래 등 여러 가지 달래가 있다. 달랜다는 치유의 뜻과 무언가를 원하는 것을 달라는 뜻도 있는 것 같다. 산골에 어울리는 달래촌이라는 이름의 의미가 남다르게 느껴진다.

김주성 촌장은 화전민이 살던 집을 사들이고 계곡에 흐르는 물길을 바로 잡고 돌 하나, 풀과 나무, 이끼 하나에도 정성을 쏟은 게 보인다. 주민들의 반대를 무릅쓰고 2015년도에 달래 저수지를 완공했다. 달래 저수지를 따라 산책을 하다 보면 저수지 둑

길에 피어 있는 코스모스, 구절초 등 아름다운 색색의 꽃들이 살랑이는 바람에 한들거리고 있었다. 피어 있는 꽃들도 씨를 뿌려 가꾸어서 피어난 것이라고 했다. 세상에 공짜는 없다고 덧붙인다. 비 온 뒤의 달래 저수지에 걸쳐 있는 무지개는 황홀 그 자체였다. 첩첩산중에 화전민이 산길을 걷다가 점심때가 되어 쉬어가며 점심을 먹었다는 점심바위, 느르리 산골에 지천으로 널려있는 밤과 도토리 줍기는 또 다른 즐거움을 주었다. 산허리에는 산불을 대비하여 차가 지나다닐 수 있는 임도도 만들었다. 짐승들의 겨울나기 양식 걱정을 하니 지천으로 널린 게 양식이라며 걱정 안 해도 된다는 말을 들었다. 싹이 난 도토리는 다람쥐도 먹지 않는다는 걸 배우기도 했다.

문 대표는 식사를 책임지고 있었다. 조미료 없는 식단, 나물과 반찬은 거의가 자연산으로 만들어졌다. 식사를 하고 나면 금방 건강해지는 것 같음을 느낀다. 고급진 그릇, 음식 하나하나에 정성이 느껴져 먹기도 아까울 때가 있다. 세월이 변하여 초고속 시대가 되기도 했지만 달래촌 시스템도 하루가 다르게 변하고 있었다. 식당에서도 손님이 직접 메뉴를 선택해서 주문하면 전표를 보고 주방에서 음식이 나온다.

달래촌 찜질방은 기존의 황토방이 아닌 백선 토, 자수정, 편백나무를 주재료로 사용하여 음이온과 산소가 풍부한 원적외선 찜질방으로 되어 있다. 장시간 이용해도 갈증이 안 나고 한증막을 싫어하는 사람에게도 인기가 있다. 우리 여행은 3일 내내 찜질을 하는 호사를 누렸다. 밥하고 설거지 걱정 안 해도 되는 여행, 가을이 시작되는 길목에 날씨도 적당했다. 예전에 있던 감나무를 살리고 2층집을 감나무에 덧대 지어 들어가는 숙소 앞 나무 통로 위에는 감나무가 알록달록 예쁜 잎을 달고 아치형으로 걸쳐져 있다. 금방 손으로 노랗게 익은 감을 딸 수도 있다. 칠 선녀가 함께 잠잘 수 있는 황토방은 노래방 기계도 준비되어 있었다. 2003년 이전의 노래만 입력되어 있었지만 연식이 있는 우리가 놀기에는 부족함이 없었다.

가끔 잠에서 깨어나서 누운 채로 통유리로 된 밖을 보면 비 먹은 감나무 잎이 바로 눈앞에서 반짝거린다. 감나무 잎이 이렇게 고운 빛깔로 물들어가는 걸 예전에는 본 적이 없었다. 잎의 크기, 물들어가는 색깔도 다 틀리지만 벌레 먹은 감나무 잎조차도 너무나 아름다웠다. 칠 선녀의 나무꾼이 된 촌장은 3박 4일 가이드가 되어 산골 구경을 시켜 주었다.

자칭 대한민국 최고의 힐링촌, 산이 정원, 달래촌, 느르리 골, 쉼, 치유밥상, 한 달 살기, 비건 푸드, 휴가, 원격 업무가 가능한 곳의 가을여행은 행복했다. 땀과 노력 없이는 이룰 수 없는, 불편함 없이 갖춰진 달래촌, 촌장 부부에게 존경심마저 느껴졌다. 요즘 사회 전반적으로 대두되는 문제가 일을 이어받을 사람이 없다는 것이다. 이제 촌장의 나이도 60대 중반, 산이 좋아 산골을 찾아들었지만 그 뜻을 이어받아 지켜 줄 후계자가 없음을 안타까워하고 있었다.

마지막 저녁 식단은 능이오리백숙을 특식으로 해 주었다. 좋은 공기와 물, 마스크 없는 꿈같은 날을 보내고 칠 선녀는 생활인이 되어 매연 가득한 거리에 들어섰다. 조만간 계곡의 물소리를 찾아서 나무꾼을 만나러 오겠으니 선녀의 날개옷(찜질복)을 잘 보관하라는 말을 남기고 떠나왔다.

2022년 10월 초

예지몽

요즘은 밤에 꿈을 꾸어도 깨고 나면 아무것도 생각나지 않는다. 예전에는 그렇지 않았는데 스스로 나이 탓인가 하고 생각해 본다. 지난밤에는 분뇨 꿈을 꾸었는데 너무 생생하여 인터넷에서 꿈 해몽에 대해 찾아보았다. 해몽에는 거의 돈, 재물로 나온다. 꿈 풀이를 보고 좋게 나오면 순간 기분이 좋지만 금방 잊고 만다.

꿈을 꾼 아침에 대구에서 큰 시누이한테 전화가 왔다. 나이 들어 결혼 안 한 막내 외아들의 혼사가 성사되어 며느리를 보게 되었다고 예단비를 은행으로 보내겠다는 전화였다. 축의금은 예상하고 있었지만 생각지도 않던 예단비는 공돈이 되었다.

며칠 뒤 먼젓번 꿈과 비슷한 꿈을 꾸었다. 남편과 함께 외출을 하면서 꿈 이야기를 했다. 갑자기 평소 가는 길이 아닌 낯선 길로 차를 몬다. 차를 세우더니 5천 원짜리 한 장을 주는 것이었다. "여기가 어디야?" 묻는 내게 저기 들어가서 자동으로 달라 하고 복권을 사 오라는 것이었다. 난생처음 들어서는 복권방, 문을 여는 손이 어색하고 무언가에 짓눌리는 것 같은 기분을 느꼈다. 젊은 여자가 복권을 판매하는데 내 앞에는 젊은 남자 셋이 줄을 서 있었다. 괜히 쑥스럽고 허황된 꿈을 잡는 할머니로 비칠까 봐 '자동으로 주세요.' 하고 급히 로또복권을 받아 나왔다.

시어머니가 고인이 되신지 26년째다. 남편은 보고 싶은 어머니를 꿈에라도 보고 싶다고 했지만 한 번도 나타나지 않았다는 말을 늘 했다. 안마기에 누워 잠들었던 남편이 일어나면서 엄마를 봤다는 거였다. 이상하다며 고개를 갸웃했다. 몇 년 전 우리 집과 가까운 납골당에 모신 어머니를 뵈러 가자고 약속했다.

납골당에 가기로 한 날 남편의 모바일로 부고장이 왔다.

42년 전 남편 따라 딸 하나 데리고 서울에 정착했을 때 아는 사람 하나 없는 서울 땅, 가끔 시어머니가 서울에 오시면 유일하게 같이 가는 곳이 경기도 역곡의 할머니 집이었다. 그곳에는 시어머니가 엄마라 부르는 할머니와 아들, 며느리, 손자녀들이 살고 있었다. 3대가 살았지만 화목했고 갈 때마다 언제든 반가워해 주었다. 그 집의 아들 며느리는 우리 시어머니의 동생이 되니 아재, 아지매(외삼촌, 외숙모)라고 불렀다. 역곡 할머니는 오래전에 성당의 공원묘지에 안장하였고 우리 시어머니도 고인이 되셨다.

세월이 흐르고 각자 이사도 다니면서 소식이 뜸해지고 아이들 결혼식 때나 만나는 사이가 되었다. 몇 년 전 생활이 안정되면서 아재를 찾았다. 전화 통화가 되었다. 반가운 마음에 길게 통화를 하고 싶었는데 아재는 빨리 끊으려고 했다. 만나러 간다고 사정 사정했지만 오지마라고 하며 전화를 끊었다. 많이 편찮은 게 느껴졌다. 초라한 모습을 보여 주기 싫다는 게 이유였다. 장례식장에서 안 이야기지만 아재는 희귀병을 앓고 있었다고 한다.

남편은 어머니 납골당을 가기로 한 날 어머니가 꿈에 보였고 아재의 부고장을 받은 거였다. 남편은 어머니의 납골당 앞에서 아재가 돌아가셨다며 전에 보이지 않던 눈물을 손수건이 흥건하게 젖도록 울었다. 납골당을 나와 삼성병원 장례식장으로 갔다. 전광판에는 젊은 아재가 온화한 미소를 띠며 우리를 반겼다. 살아서는 만나보지 못하고 다시는 돌아오지 않는 길을 가 버렸다. 이제 칠순 중반이 된 곧 쓰러질 듯 야윈 어깨의 아지매가 문상객을 맞는다. 참 모범적인 닮고 싶은 아재, 아지매였는데 나도 모르게 눈물이 주르륵 흘러내렸다. 장지가 어디인지만 물어보고 나왔다. 내일 발인 날 장지에서 만나 아재를 보내드리는 게 최소한의 예의라 생각했다. 용인에 위치한 '자화연' 공원묘지에 장의사 차보다 우리가 먼저 가서 기다리고 있었다. 우리가 먼저 와서 기다린다는 것을 생각 못한 아지매가 깜짝 놀랐다. 처음 와 본 4월 하순의 자화연은 꽃이 만발하고 초록이 녹색으로 물들고 있었다.

꼬불꼬불 산길을 오른 뒤 지정된 숫자 앞에 아재는 항아리도 없는 작은 봉지에 싸여 천주교식으로 장례미사를 마쳤다. 자연장이란다. 아재는 화사하게 꽃피는 봄날 우리 곁을 떠나 자연으로 돌아갔다.

'잘살아 주셨습니다.'

'감사했습니다.'

'아프지 말고 편히 계세요.'

'남은 우리 잘 살겠습니다.'

'사랑합니다.'

진심 담긴 아지매의 절규가 오래도록 가슴을 울렸다. 남편은 돌아오는 차 속에서 아재의 이야기를 들려주었다. 아재의 부모에게 시어머니가 양녀로 갔다. 아재 집이 시골이라서 아재가 대구에서 대학교 다닐 때 남편과 한집에 살았다. 아재는 머리도 좋고 대학을 수석 졸업했다는 소리도 했다. 나이 차이가 많지 않는 아재와의 추억이 정말 많다고 했다. 시간이 좀 지나면 위로할 겸 아지매 집을 방문하기로 했다.

똥 꿈은 춘삼월 개꿈으로 끝났지만 남편이 꾼 꿈은 시어머니와 아재가 만나는 예지몽이 아니었을까? 하는 생각을 해 본다.

2023년 5월

3

내 생애 값진 날

신뢰

서울 이태원에 이사 와서 마련한 보금자리는 주인집과 마당에 있는 수돗물을 같이 썼다. 작은 부엌에는 연탄으로 난방을 했고 빨간 석유난로에 음식을 만들어 먹던 시절이었다. 낯선 서울에 딸 하나를 데리고 남편보다 6개월 뒤에 대구에서 이사를 왔고 남편은 선배 공장을 맡아 하던 때였다. 빈손이었지만 어떻게든 살아지겠지 하고 살았다. 스물아홉 새댁은 주인집과도 친해졌다. 두 돌도 되지 않은 우리 딸은 대구 사투리를 막힘없이 썼다. 그런데 우리 딸과 동갑인 주인집 막내아들은 말을 한마디도 못하니 슬슬 눈치가 보이기도 하고 우쭐하기도 했었다.

얼마간 살다 보니 주인집을 드나드는 아주머니가 있었다. 우리 아이는 만나는 사람마다 꼬박꼬박 인사를 잘하니 어쩜 딸이 이렇게 똑똑하냐고 똑순이라는 별명을 지어 주었다. 그 아주머니는 36개월짜리 돈 계를 하는 계주 아줌마였다. 똑순이라고 부르고 예뻐하며 드나들던 아줌마는 내게 계를 해 보라고 했다. 40년 전 방세가 20만 원 보증금에 월 5만 원을 내는 때였고 서울의 땅값이 한 평에 50만 원 정도 했을 때였다. 새댁에게 500만 원짜리 계를 하라고 했으니 무한 신뢰가 없으면 불가능한 모험이었다. 주인집 아줌마는 책임을 지지 않겠다고 넣어 주지 말라 했다고 한다.

남편 월급의 삼분의 이 이상이 곗돈으로 나가야 했다. 소식을 들은 대구의 시부모님은 눈뜨고 코 베어 간다는 서울에서 뭘 믿고 계를 하느냐 모으고 싶으면 은행에 넣으라고 성화였다. 이쪽저쪽 다들 염려스러워 했다. 월급이 늦거나 수금이 안 되면 곗날은 전쟁이었다. 그래도 한 번도 거르지 않고 꼬박꼬박 부어나갔다. 36번 중에 20번째에 타는 거였다. 아직 불입할 날이 16번이나 남았으니 큰돈이라고 담보를 잡거나 각서를 써야 한다고 말은 했지만 그냥 곗돈을 태워 주었다.

둘째를 가져 만삭일 때 곗돈을 탔다. 마당에는 목련이 피어나고 담장에는 넝쿨 장미가 대문 위에 아치를 이루며 피어나는 독채 전셋집에 이사를 했다. 일요일 이사를 하고 그다음 일요일, 일주일 만에 둘째를 출산했다. 이 집에서 막내아들까지 낳고 아이 셋과 아파트를 살 때까지 이 집에서 살았다. 아파트에 이사 가서도 아이들은 마당에 병아리를 사서 어미닭이 되도록 키운 이 집을 그리워했다.

이사를 간 뒤로도 푼돈을 넣어 목돈을 만지는 계를 하였고 그

집과의 인연도 계속되었다. 그 집 아저씨는 이북에 고향을 둔 실향민이었고 딸만 셋을 두었는데 세월이 흘러 그 집 막내딸이 대학을 다니고 있었을 때쯤 곗날이면 어김없이 아주머니가 돈을 보내라는 전화가 오는데 연락이 없어 먼저 전화를 걸었더니 큰딸이 받으면서 돈을 은행으로 보내라고만 하고 저녁에 전화를 하겠다고 하는 것이었다. 좀은 이상했지만 그냥 넘겨 버렸다. 저녁에 계주 큰딸한테 전화가 왔다. 이번 달 번호에 해당하는 계원에게 곗돈은 무사히 태워 주었고 아버지 어머니가 연탄가스 중독으로 아버지는 병원으로 옮기면서 돌아가셨고 어머니는 의식이 없다는 것이었다.

결혼도 안 한 아가씨가 그런 큰일을 당했는데도 의연하게 대처한 것에 저절로 고개가 숙어졌다. 상을 당했지만 집안일은 사적이고 공적인 일을 그르칠 수 없다는 거였다. 그때 많은 걸 깨닫고 배웠다. 서로가 믿음으로 약속을 지켜 내었고 그 발판으로 집을 사는 계기가 되었다. 신뢰는 목숨보다 더 소중하다는 것을 한 번 더 알게 되었다. 가끔 내가 어른으로서 인생 선배로서 세상 사는 조언을 해 줄 때는 이 이야기를 들려줄 때가 많다. 약속을 잘 지키는 사람이 성공한다고 말해준다.

2년 전 남편이 조금 알고 지내는 지인한테 2일만 쓴다고 돈을 빌려준 적이 있다. 큰돈은 아니지만 약속을 어기고 미루기만 했다. 꼭 필요할 때 쓸 수도 없으니 스트레스를 받기 시작했다. 옛말에 돈은 앉아서 주고 서서 받는다는 말이 있다. 돈이 얼마나 급했으면 빌려 달라고 했을까? 돌고 도는 돈이다라는 마음으로 빌려 주었는데 전화를 해도 받지 않을 때는 도리어 가슴이 두근대기도 했다. 전화를 받기만 해도 고마워해야 하니 이게 뭔가 싶었다. 우여곡절 끝에 2일이 2년이 되어 받은 게 며칠 전이다.

약속을 어기게 되면 먼저 무슨 사정이 있다고 설명을 하면 덜 기다릴 텐데 전화를 받지도 않고 피하면 무시당하는 생각이 들고 기분이 나쁘다.

40년 전 계를 시작했던 아주머니는 수년간 식물인간이 되어 딸들의 간호를 받다가 회복을 못하고 돌아가셨다. 계주의 큰 따님은 책임감 있게 여동생 둘을 먼저 시집보내고 결혼을 해서 아들 하나를 낳아 잘살고 있다. 지금도 그 시절이 떠오른다. 약속과 신뢰는 목숨보다 중요하다는 것을 새삼 알던 때였다. 힘들게 살 때도 있었지만 '약속과 신뢰는 믿음을 주는 재산이다.'라는 생각으로 생활하다 보니 잘살았구나 하는 생각이 드는 날이다.

2021년 7월

내 생애 값진 날

코로나로 우리나라뿐 아니라 세계가 들썩이는 가운데 2020년 마지막 달력 한 장을 남겨두고 있다. 흔히 슬픈 일은 쓰나미처럼 한꺼번에 온다는 말이 있지만 어쩌면 아픔과 기쁨도 공존하는가 보다. 70세쯤에나 내볼까 하던 수필집을 좀 일찍 내기로 했다. '예술인 창작지원금'을 신청하고부터는 바빠지기 시작했다.

책을 내보신 경험 있는 교수님은 시간이 없다고 서둘러야 된다는 소리를 했지만 귓등으로 흘려듣고 게으름을 피우고 있었다. 게다가 갑자기 닥친 병원 입원, 수술. 다행히 시간이 흘러가니 7월 30일에 치료도 끝나고 『못 말리는 가족』 수필집도 세상 빛을 보게 되었다. 쉬엄쉬엄 쓰던 글이 한 권의 책이 되어 나오던 그 날을 잊을 수가 없다. 나의 사진과 나의 이름으로 된 책이 이렇게 기분 좋은 느낌일 줄은 예전에는 미처 몰랐었다. 14박스나 되는 500권의 책이 용달차에 실려 집에 도착했다. 거실 한편이 그득하다.

가족, 친척, 문우, 지인들한테 보내느라 출근길에 우체국을 안방 드나들듯이 들락거렸다. 남편과 자식들이 서둘러서 책이 나온 지 9일 만에 출판 기념회를 열어 주었다. 올여름 긴 장마에 그날도 어김없이 비가 내리고 있었다. 출판 기념회 행사를 치르러 가는 차 속에서 남편 친구의 문자를 받았다. 내 책을 읽고 소감을 써서 보낸 글이 도로 내 마음을 울리고 있었다.

세상엔 거대한 담론으로 많은 사람에게 감동을 주고 지식을 전달하고 자기를 일깨워주는 여러 종류의 전문 서적과 소설, 수필들이 있지만 (…) 내 친구 진혁이를 사랑해 준 한 여인의 고된 여정에도 진심으로 고마움을 전합니다. -대구에서 친구

사랑과 인정으로 수놓은 마음 줄을 읽으며~ 넓고 바르게 일상을 보는 눈, 숙모님 어른 내외분을 쏙 빼닮았네. -사촌 오빠

대구에 계시는 남편 선배님께서는 혹시 글 쓰는 데 도움이 될까 하고 보낸다며 자필로 쓴 장문의 글과 부친이 생전에 출판해서 유품으로 아끼고 있던 책을 8권이나 보내 주었다.

쏟아지는 빗속에도 참 많은 분들이 출판 기념회에 참석해 주셔서 고마움을 잊을 수가 없고 축하 글과 축하금, 떡, 과일 여러 가지 선물을 보내 주어 정말 매일 매일이 행복했다. 보는 사람마다 대단하다, 수고했다는 말을 아낌없이 해 준다. 글을 쓰고 책

을 낸다는 보람이 이런 거였구나 생각했다.

최근에 『아들러 리더십 코칭』이란 책을 22권째 냈다는 서재진 작가를 만난 적이 있었다. 여러 권의 책을 낸 걸 부러워해야 하는데 내 한 권의 책이 22배 더 기쁨인 것은 속일 수가 없었다.

책이 나온 지 한 달쯤 지났을 때 출판사에서 전화가 왔다. 서점에서 추가 주문이 들어 왔다고 집에 있는 책을 좀 갖다 달라고 했다.

야호~ 이런 일도 있구나! 내 책도 누군가의 손에서 읽혀지는구나! 그 며칠 전 잠실 교보문고에서 내 책을 만난 날의 환희가 되살아났다.

책을 배달하고 오는 길에 종로에서 출판 기념회 날 유튜브를 찍어준 신 대표를 만났다. 오늘은 추가 주문 책 배달을 하고 책을 출간하게 된 동영상을 찍으니 기분이 업되어 말이 술술 잘 나왔다.

살면서 주위에 좋은 사람들이 참 많은 것 같다. 난 참 운이 좋은 사람이고 행복할 수 있어 너무 좋다고 감히 말할 수 있다.

이제 책은 몇 십 권만 남기고 누군가의 품으로 옮겨갔다. 내 책을 읽어 주기만 해도 황송하다고 생각했는데 10월의 어느 날 출판사에서 통장으로 돈이 들어왔다. 아까워서 어떻게 쓰느냐고 했더니 출판사 대표님이 기념반지를 하라고 한다. 배보다 배꼽이 크긴 했지만 나를 아껴 주시고 축하해 주신 한 분 한 분의 마음이 녹아 있는 신상품 구찌무늬 금팔찌에 고마움을 새겨 기념으로 남겼다.

책을 선물하다 보면 짧은 글이라도 메시지를 보내는 사람도 있지만, 제 책이 나왔어요. 하면서 바로 코앞에 보여줘도 책 제목도 읽지 않고 소 닭 쳐다보듯 하는 사람도 있다. 글 쓰는 사람으로는 참 서운한 일이다. 나도 그렇게 행동은 하지 말아야지 하고 반성한다.

좋은 작품의 영화가 나오면 흥행이 되다가 막을 내리고, 유명 배우도 세월 따라 은막에서 사라져간다. 거침없이 나가던 책도 이제 뜸해졌다. 책을 내고 연극의 주인공이 되어 서너 달은 꽃구름 위를 걷는 듯 너무나 행복했었다. 책 출판의 행복에 싸여 환자의 삶도 묻혀 버린 내 생애 참 값진 날들이었다. 만약에 두 번째 책이 나와도 이 기분 이대로 느낄 수 있을까? 궁금해진다.

2020년 12월

열쇠

요즘은 가당치도 않는 일이지만 예전에는 며느리가 시집오면 시어머니가 곳간 열쇠를 차고 있다가 상당 기간 며느리를 눈여겨본 후 물려주었다고 한다. 그 열쇠 꾸러미는 한 가정의 권력을 의미했다고 한다. 그러하니 시어머니 입장에서는 권력을 쉽게 포기한다는 게 힘들었을 것 같은 생각이 든다.

세상은 변하여 아파트를 출입할 때도 숫자만 꾹꾹 누르면 문이 열리고 자동차도 멀리서 버튼만 누르면 차 문이 열린다.

어릴 때는 대문이 있어도 열쇠가 필요 없었다. 항상 대문이 열려 있었고 방문도 열쇠가 걸려 있지 않았다. 지금 생각하면 허술하기 짝이 없지만 아무런 불편 없이 살았다.

며칠 전 가게 문을 열려고 열쇠를 꺼내니 무엇이 주렁주렁 딸려 나오는데 무겁다는 생각이 들며 거추장스러웠다. 15년을 한결같이 열고 닫던 문에 열쇠를 밀어 넣었는데 오른쪽으로 돌렸는지 왼쪽으로 돌렸는지 머리로는 기억이 없고 손은 기억하고 있어 문을 열 수 있었다. 유일하게 열쇠를 사용하는 곳은 우리 가게밖에 없다. 그 세월 동안 열쇠 꾸러미를 계속 꿰기만 했지 정리를 한 적이 없었다. 찬찬히 보니 주황색 플라스틱 위에 보라색으로 파리의 개선문이 박힌 열쇠고리가 매달려 있었다.

큰아이 신혼여행 때 선물로 사 온 것인데 귀퉁이가 날아가고 색이 바래도 애지중지 기념으로 지니고 다녔던 거였다. 어떤 용도인지도 모르는 정체불명의 열쇠가 3개, 한 번도 쓰지 않았던 음식물 쓰레기 버릴 때 쓰는 카드 2개, 하얀 플라스틱 안에 태권도복 입은 손자 부성이가 담긴 열쇠고리, 달포 전 부성이는 태권도 검정 띠를 딴 기념으로 할아버지한테는 액자를 선물하고, 할머니에게는 묵직한 열쇠고리를 주어서 같이 달고 다녔다. 잊지 말고 꼭 달고 다니라는 부성이의 당부가 있었다.

옛날에 한양 갈 때 짐을 줄이려고 눈썹도 빼놓고 간다고 했는데 곳간 열쇠를 받은 것도 아닌 것을 오래도 가지고 다녔다. 오늘은 과감히 줄여야겠다. 부성이가 들어간 열쇠고리에 가게 열쇠 하나만 달았다. 이렇게 가볍고 좋은 것을 진즉에 줄일 걸 하고 생각했다.

남편은 차를 참 좋아한다. 젊을 때는 베스트 드라이버라고 추켜세워 준 적도 많다. 한때 사람들은 차보다 집이 중요하다고 했던 시절도 있었다. 집도 없는 처지에 월세 사는 사람도 차를 가지고 있다며 분수에 맞지 않는다는 말들도 많이 했다. 요즘은 그런 것은 흉 거리가 아닌 자동차는 필수품이 된 지 오래되었다. 차는 발이고 생활수단이 되기 때문이다.

남편은 아들이 군대 제대할 때쯤 하얀색 중고차를 사서 아들을 주겠다고 기다리고 있었다. 아들이 복학하고 차를 가지고 학교에 다녔다. 그 뒤 장가도 가고 몇 번의 차도 바뀌었다.

어쩌다 둘만 사는 우리 집에 차 두 대가 되었다. 운전은 서툴지만 내가 가지고 다닐까 하고 처분하지 않은 차가 있었다. 남편은 내가 차 키를 들고 나가 운전을 하면 잠을 못 이룰 것 같다고 하며 좀체 차 키를 맡기지 않았다.

어느 날 아들이 차를 쓰겠다고 가져가서 돌려주지 않았다. 그런 중에 아들이 남편한테 전화를 했다. 차 키를 잃어버려 꼼짝 못한다고 우리집에 있는 것을 갖다 달라고 했다. 남편은 울며 겨자 먹기로 차 키를 갖다 주었다. 한편으로는 미우면서도 추운 날 밖에서 떠는 걸 생각하면 자식이라 가슴 아프기도 했다. 원래 있던 자동차 한 대는 아들이 출퇴근용으로 쓰고 조금 더 큰 우리 차는 가정용으로 손자 부성이와 며느리가 타고 다닌다고 했다. 차 키를 하나 복제해 달라고 했는데 그 말도 아직 안 듣고 있다. 딸들이 시집가면 귀여운 도둑이라 했는데 요즘은 세상이 바뀌어 아들은 큰 도둑이라는 소리도 많이 들린다.

남편은 혹시나 하고 일 년 내내 운전대 한 번 안 잡는 아내도 포함해 몇십 년 동안 가족 모두의 자동차보험을 들어주었는데 아들은 보험료를 줄이려고 이번에는 나만 쏙 빼고 보험을 들었다고 한다. 괘씸한 생각이 스멀스멀 올라왔다. 남편은 가끔 그 차를 쓸 일도 있는데 하며 말을 흐린다.

자식 이기는 부모 없다고 고대광실도 곳간의 열쇠도 물려주지 못했는데 그냥 열쇠도 받지 말고 퉁치고 말아야 하나? 생각은 많은데 해결도 못하고 하루하루가 흘러간다. 오늘따라 '장사익'의 「봄날은 간다」의 노래가 구슬프게 들린다.

2023년 4월

허세와 궁상 사이

지난여름 배춧값이 금값이라 김치를 담그려면 손이 오그라들었다. 11월이 되면서 여기저기서 겨울 김장한다는 소리가 들렸다. 절임 배추를 살까? 배추를 사서 직접 절여서 담글까? 남들은 잘도 절임 배추를 사서 하는데 난 한 번도 절임 배추를 사서 해 본 적이 없다. 매일 지나다니는 마트에서 한 망에 6900원, 무거워 들 수도 없을 만큼 큰 배추를 팔고 있었다. 머리로 계산을 해 보니 절임 배추의 반도 안 되는 값으로 살 수 있다. 작년에 사 놓은 천일염 한 포대기도 있겠다, 세 포기씩 담긴 다섯 망을 배달시키고 나니 시작이 반이라고 마음이 넉넉해졌다.

배추를 절이고 김장 준비를 대충해 놓고 소파에 앉으니 마침 TV에서 「미운 우리 새끼」 재방송을 하고 있었다. 가수이면서 예능 활동을 하는 이상민이 생일인 후배 박 군을 초대하여 호텔에서 코스 요리를 대접하고 있었다. 한 끼 식사가 삼십오만 원, 둘이면 칠십만 원이란 소리에 박 군이 그 돈이면 형님 나 두 달치 밥값인데요, 했다.

그런데 음식은 1인분만 나오고 있다. 아우를 위해 한 장뿐인 식사초대권을 양보하고 형은 궁(이)상민이 되어 마주 앉았다. 아우가 처음 먹어보는 음식에 설명도 해주고 와인 잔 잡는 방법도 가르쳐 주었다. 동생이 형 한 번만 맛보라고 권해도 배도 부르고 먹어 본 거라며 손사래를 치면서도 입맛 다시는 게 카메라에 잡혔다. 허세를 부리다가 맛있는 음식을 앞에 놓고 쫄쫄 굶는 것은 고역이 아닐 수 없다. 예능 프로라서 설정인지는 모르지만 순수하고 꾸밈없는 아우, 귀여운 허세를 부리는 형을 보면서 유쾌하게 웃었다. 집에 돌아온 이상민은 라면을 끓이고 조금 전 본 음식을 그럴듯하게 흉내 내어 코디도 하고 허겁지겁 먹는 궁상스런 모습은 웃음을 자아내게 했다.

이 프로를 보면서 왜 내가 떠올랐는지 모르겠다. 부부 둘뿐인 집에 쉽게 김장을 할 수 있는 방법도 있는데 고생하며 어려운 길을 택하였을까? 알뜰하게 살림 잘하는 아내로 남편에게 보여주고 싶었는가 보다. 이것도 허세인지 모르겠다. 이젠 궁상떨지 않고 좀 쉽게 살아도 되는데, 그래도 한쪽 마음에는 내가 고생하더라도 누군가를 위해 싸게 김치를 만들어 맛있게 먹어주면 하는 바람이 깔려 있었나 보다.

얼마 전 큰딸이 시어머니 생신이라 시집 식구들과 강남의 미슐랭이란 레스토랑에서 1인분에 이십오만 원 하는 음식을 먹었다며 다음에 엄마도 함께 가자는 소리를 했다. 대답은 했지만 속으로 1인분 값이면 우리 식구가 함께 외식도 할 수 있고 한철 김장값보다 비싸다는 생각이 들어서 가고 싶은 마음은 없었다.

때로는 남의 눈을 의식해서 비싼 옷을 입고 음식을 먹을 때도 있다. 거짓 없이 솔직하게 살고 있다고 하지만 허세와 궁상은 정도의 차이는 있지만 다 가지고 있다고 생각한다.

오늘도 절임 배추 하나 때문에 배추 배 자도 모르는 애꿎은 남편만 닦달한다. 누굴 위해 이렇게 사느냐고 엄포를 놓았다. 낮에 나 없을 때 배추 한번 뒤집어 놓으라고 했더니 '누가 시켰으면 큰일 나겠네' 한다.

며칠 전 세계의 큰손 사우디 왕세자 무함마드 빈 살만이 다녀갔다. 20시간 동안 26개 프로젝트 40조를 계약하고 출국했다고 한다. 상상도 할 수 없는 액수다. 경제를 살리는 길이라면 이보다 더 반가운 소식이 아닐 수 없다. 하루 저녁 호텔비로 2200만 원을 쓴다고 하는 이 사람은 허세가 아니다. 하늘이 내린 대단한 재력가다.

사람 사는 것도 천차만별이다. 돈으로 따지면 감히 부러워할 수도 없는 먼 나라 얘기로 들릴 뿐이다. 빈 살만도 일정에 있던 일본 방문을 취소한 것은 단 하나 평소에 앓고 있는 중이염 때문이란 소리도 들린다. 어쩌면 인간은 고민 하나쯤 갖고 있을 수도 있어 세상은 공평한지 모르겠다.

가을이 오는 문턱 시월의 어느 날에 오래전 알고 지내던 절친한테서 '이번 생(生)은 이렇게 살라는 건가 봐'라는 문자가 왔다. 자존심 강하고(폼생폼사) 허세 부리던 남편 만나 나이 들어가니 희망도 즐거운 일도 없다는 거였다. 같이 우울하고 찝찝한 날이었다. 가끔이지만 정말 친절한 고깃집이나 일식집에 가면 팁을 준 적도 있다. 이런 것도 허세일까?

궁상민(?)이나 나나 한 끼 정도는 럭셔리한 식사를 할 수도 있다. 사람은 분수라는 게 있다. 가끔 허세도 필요하지만 약속이 있어 외식할 때 빼고는 간단하게 가게에서 먹을 점심 한 끼는 꼭 도시락을 싼다. 궁상이 아니라 검소라는 단어로 나를 다독인다.

2022년 11월

사회적 관계

사람이 혼자서는 살 수 없다. 몇 년째 쓰던 일기를 중단한지도 1년이 넘었다. 작년 5월 병원에 입원하고부터 일기를 쓰지 않았다. 집에서 일기장을 가져올 생각을 하지 않기도 했지만 손쉽게 늘 가지고 다니는 핸드폰 하나면 정보도 공유하고 생활을 기록하는 효과도 있으니 필요를 느끼지 않았다. 어쩌면 외부와의 단절된 생활을 즐겼는지도 모른다.

페이스북을 하다 보면 몇 년 전 오늘 올린 사진과 글이 떠서 머릿속의 기억보다 더 생생하게 과거를 떠올릴 수 있고 알 수 있으니 일기쓰기를 소홀히 하게 되었다. 글을 올릴 때는 조심도 해야 하고 신중해야 한다. 곳곳에 훔쳐보고 있는 복병이 있다. 글자 하나만 틀려도 가족 카톡방에서 오타 고치라는 글이 올라온다. 가끔 울분이 터져 정치적 글이라도 올리면 너무 극우나 극좌로 치우치지 말라고 경고하는 메시지가 뜬다. 될 수 있으면 하루의 생활상, 겪었던 이야기를 일기처럼 올리고 있다.

몇 년 전 일이다. 한 건물에서 장사를 하며 친하게 지내던 젊은 여자가 있었다. 해외여행을 한 열흘 다녀왔는데 사람이 180도로 변해 있었다. 싹싹 하던 사람이 쌀쌀맞기가 말도 붙일 수 없을 정도였다. 내 글을 훔쳐봤다는 것은 상상도 할 수 없을 때였다. 평소 대화 중에 세월호, 촛불 집회 등으로 둘은 반대 의견으로 거리가 좁혀지지 않을 때였다.

그러던 중 내가 쓴 페북에 댓글을 보고 단단히 화가 났다고 했다. 내가 없는 사이 심심해서 페북을 타고 들어갔다가 촛불 집회에 대해 쓴 글을 보았다고 했다. 그 내용은 '옆 가게 젊은 여자가 있는데 철모르는 자기 어린아이들을 앞세워 광화문 촛불 집회에 나가서 현직 대통령을 탄핵해야 한다'고 자랑스레 이야기하고 다닌다는 소리를 썼던 것이다. 단박에 자기 글이라고 생각했단다. 흥분해서 올린 내 글에 그 젊은 여자를 알지도 못하는 페친이 댓글에 깜냥도 안 되는 사람 신경 쓰지도 말라고 쓴 글을 보았단다. 깜냥이 안 된다는 소리가 너무 자존심이 상해 말하기도 싫다고 해서 무척 곤란한 적이 있었다. 그때부터 말 한마디라도 신중히 써야 되겠다고 마음을 굳혔다.

카카오톡은 쉽게 접할 수 있고 빠르게 전달되기도 한다. 1대1방, 가족방, 건강방, 친구방을 쉽게 만들었다가 소통이 끝나면 해체하여 나가기를 하면 방이 없어지는 것도 쉽다. 페북을 열면 많은 정보가 실시간으로 쏟아진다. 각자의 글 쓰는 특색, 성향,

성격도 대충은 알 수 있다. 얼마 전에는 시댁의 사촌들 모임방에 막내 시삼촌이 '안중근 의사' 서예대전에서 대상을 받는 시상식 사진이 올라왔다. 잘 볼 줄은 모르지만 글씨체에 힘이 있다고 생각만 하고 지나친 적이 있다.

그 무렵 페북을 열었는데 내가 소속되어 있는 잠수함 연맹회 감사님이 올린 글을 보았다. 글씨체가 낯이 익어 자세히 보니 시삼촌의 붓글씨였다. 그 감사님은 수원 예술의전당에 갔다가 일면식도 없는 분이지만 대상 받은 분의 붓글씨가 너무 좋아 페북에 올렸다는 거였다. 그걸 보고 좀 더 소통이 빠른 잠수함 연맹 카톡방으로 자리를 옮겨 대화를 하게 되었다.

우리 시삼촌이란 소리에 깜짝 놀랐다며 기왕이면 한자로 된 글 풀이를 부탁한다고 했다. 축하 인사도 드릴 겸 시삼촌한테 부탁했더니 뜻풀이와 이제껏 받았던 상과 사진을 찍어서 보내왔다. 의도치 않게 서예 대상의 주인공 이름을 공개하게 되었는데 19명의 단톡방에 또 다른 한 분이 대상 받은 그분이 실명이냐고 물어왔다. 우리 시삼촌이 어떤 분이라고 설명을 했더니 '이럴 수도 있느냐'며 처음에는 동명이인이라고 생각했는데 내가 몇 가지 설명을 했더니 그분이 맞다는 거였다.

20년 전에 같은 아파트에 살았고 나이 차이는 있지만 주경야독으로 학원에 다니며 같이 자격증도 여러 개 땄고 그 당시에도 보기만 해도 남다른 분이셨다고 했다. 바뀌지 않고 지금도 쓰고 있는 전화번호를 기억하는 사이였다.

예전에 우리나라 사람들이 촌수를 따지면 한 다리 건너 아는 사람이라 하더니 1천만의 시민이 모여 사는 서울에서 이런 분들을 만나다니 신기하기도 했다. 19명이 있는 방에 이런 인연이 나타나기도 한다.

소통을 하지 않아도 궁금한 사람이 있으면 페북에서 찾아보면 알게 되기도 한다. 서울에서 탄탄한 사업체를 가지고 있는 평소에 잘 아는 재무 설계 대표가 대구에 사는 사촌 동생과 고등학교, 대학 동기이기도 해서 깜짝 놀란 적도 있었다. 대표와 동생이 친한 친구라는 걸 알고 나서 누나라고 오픈할 때 책잡히고 욕먹을 짓은 하지 않았는지 되돌아보면서 조심스레 이야기를 나눈 적이 있다. 어찌나 투명한 세상인지 어떤 때는 발가벗기는 기분이 들기도 한다. SNS를 하면서 발 빠른 교류와 소통이 좋긴 하지만 얽히고설킨 사회적 관계를 만나게 된다. 좋은 사이였고 이미지가 나쁘지 않았으니 망정이지 아찔하기도 했다.

지하철을 타면 너도나도 핸드폰을 보고 있다. 거의 모든 사람이 기계에 길들여져 있다. 가끔 책을 읽고 있는 사람을 보면 신기하기도 하고 존경심마저 들기도 한다. 책 읽기를 소홀히 하고 핸드폰만 만지는 나도 문제가 많긴 하다. SNS를 하면서 막말을 써도 안 된다. 손바닥 들여다보듯이 상대를 읽고 있다. 이런 것들을 피해 나가는 게 쉽지 않은 일이다. 대통령 대선에 대비하여 경선을 치르는 데도 너무 강한 색깔을 드러내다가 머쓱하게 된 걸 보기도 한다. 사회적 관계에 편리함도 많지만 조심할 것도 많다.

지하철 노선을 보며 생각한다. 거미줄처럼 얽혀 있지만 어딘가에서는 만나는 환승역과 종점도 나온다. 우리들의 생활도 크게 다르지 않다. 언제 어디서 소통을 하고 알게 될지 모른다. 나를 기억해 주는 모든 사람들에게 항상 좋은 관계로 남고 싶다. 죄짓고 살지 말아야지라는 생각도 해 본다.

2021년 11월

삼생이

칠, 팔 년 전 아침 드라마 'TV 소설'을 재미있게 본 적이 있다. 제목은 「삼생이」였다. 가족들의 무관심과 방임 상태에 있던 소녀가 배가 고파서 우연히 집어 먹은 것이 500년 된 산삼이었다. 그때부터 산삼을 먹은 아이라고 삼식이라 불리게 된 소녀는 온갖 구박과 설움에도 식구들의 생계를 짊어지게 된다. 그런데 소녀는 단지 산삼을 먹은 게 아니라 산삼으로 인해 목숨을 연명해 새 삶을 살 수 있게 되었다며 스스로 이름을 삼생(蔘生)으로 바꾸고 운명을 개척해 나간다.

지난겨울 코로나가 극성을 부릴 때 손자 부성이가 유치원 휴원을 해서 외가에 가 있었다. 거기는 지리산 줄기 아래 산세가 좋고 여름에는 1급수 골짜기 물에 물놀이를 할 수 있고 겨울이면 눈이 자주 와서 비료 포대를 깔고 앉아 눈썰매를 즐길 수 있었다. 동네 친구가 없어도 키우는 강아지 희동이와 댕이, 리키를 거느리고 놀 수 있어서 외가에 가기를 좋아했다.

부성이가 외가에 있던 11월 어느 날 외할머니가 희끗희끗 눈 쌓인 산을 오르고 싶었단다. 가끔 송이버섯이나 약초가 눈에 띄는 때가 있으니 농한기에 할 일이 없어서 산에 올랐다. 무심코 발길을 옮기는데 느낌이 이상하여 자세히 보니 다섯 손가락을 편 모양을 한 삼잎이 바람에 살랑이고 있었다. 무언가 가슴 밑바닥에 싸한 느낌이 전해져 왔다.

다칠세라 귀한 보물을 다루듯이 조심스레 두 뿌리를 캐왔다고 한다.

아무래도 무언가 다르다는 느낌이 들어 산삼을 잘 아는 심마니를 집으로 불렀다. 그 사람은 귀한 산삼이라고 320만 원을 쳐서 줄 테니 팔라고 했단다. 외할머니는 잠깐 흔들렸지만 그 산삼을 팔지 않고 우리 부성이에게 먹였다고 한다. 그 말을 듣는데 안사돈의 마음 씀이 고맙게 전해져 왔다. 친손녀도 있는데 쉽지 않은 결정이었다는 생각이 든다. 무슨 일이든 먹는 것 하나에도 무언가 모를 기운이 닿아야 된다. 코로나를 피해서 외가에 내려갔고, 그 시간에 거기에 있었으며, 산삼이 손에 들어왔고 한번을 먹으면 평생을 사람 몸속에서 혈관을 타고 돈다는 산삼을 먹게 되었다. 평생을 산삼 구경도 못해 본 사람이 많을 텐데 이런 경우는 흔치 않다는 생각이 든다.

지인한테 이 이야기를 했더니 자기는 팔았을 거라며 팔지 않은

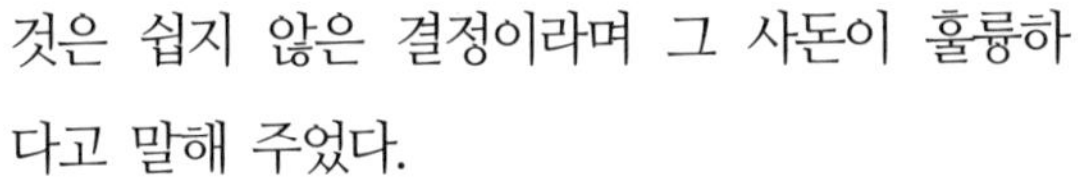

것은 쉽지 않은 결정이라며 그 사돈이 훌륭하다고 말해 주었다.

집에 돌아온 부성이에게 어떻게 먹었느냐고 물어보니 생으로 씹어서 먹었는데 아주 맛있었다고 했다. 한 뿌리는 생으로 한 뿌리는 달여서 먹었다고 들었다. 부성이가 말하길 외할머니께서 하얗게 센 머리와 눈썹도 검게 만드는 귀한 것이니 남기지 말고 먹으라고 해서 다린 것은 쓰지만 마지막 물까지 다 먹었다고 했다.

우리나라에 자생하고 있는 인삼은 독성이 거의 없고 항암, 혈액순환 만병통치약으로 잘 알려져 있다. 산삼은 참나무, 굴참나무 같은 활엽수 아래서 자라는 음지식물이라고 한다.

선물로 받은 홍삼 엑기스도 냉장고에 잔뜩 들어 있고 가끔이지만 인삼을 사겠다고 풍기, 강화 인삼 시장을 기웃거려 보기도 한다.

산삼은 못 먹어 봤지만 산양산삼(장뇌삼)은 먹어 보았다. 어른도 못 먹은 산삼을 부성이가 먹는 모습이 드라마에 나오는 삼생이와 자꾸만 오버랩되어 떠오른다.

외가에서 돌아온 부성이는 키도 크고 몸무게도 4kg 늘었다고 자랑을 한다. 할머니 눈에도 허벅지가 단단해져 꿀벅지가 되었다고 말해준다.

추운 겨울부터 여름까지 방영한, 드라마 주인공 삼생이가 성장해서 소문난 명의, 한의사가 되었다. 지팡이 없이는 걷지도 못하는 환자를 치료해서 말끔히 낫게 하였다. 우여곡절 끝에 한방 제약회사 사업가로 성공한 동우와 결혼을 하고 아이를 낳아 돌잔치를 하며 해피엔딩으로 종영이 된 걸로 기억한다.

산삼을 먹은 우리 부성이도 앞날을 잘 개척하여 자기 몫의 일을 해내는 사회인으로 성장하길 기대해 본다.

2021년 4월

춘자

젊은 사람들과 한집에 살다보니 오프라인보다 온라인으로 물건을 주문하는 일이 많다. 오죽하면 손자 부성이가 할머니 우리 집에는 왜 이리 택배가 많이 와요 한다. 또 코로나란 역병으로 사회적 거리두기, 비대면을 강조하니 택배 기사들도 현관 밖에 택배상자를 두고 간다. 오늘 아침에는 큼지막한 스티로폼 상자가 문 앞에 와 있다. 보낸 사람 이름도 주소도 없었다. 박스를 열고 보니 하얀 종이와 투명비닐을 반반 감싼 포도가 나왔다. 예쁜 초록 물이 금방이라도 뚝뚝 떨어질 것 같은 샤인 머스켓이 눈을 현혹 시키는 게 아닌가? 씨 없는 청포도! 얼마 전 부성이가 맛을 보고는 맛있다고 했지만 비싸서 선뜻 사 주지 못했던 것이다.

한 알 따서 입에 넣으니 달콤하고 상큼한 게 맛이 일품이다. 그런데 보내 준 사람을 몰라서 택배 회사에 전화하니 보내 준 농장으로 전화를 해 보라고 한다. 농장주는 아마 자기 딸이 보낸 것 같다고 딸 전화번호를 일러준다. 딸은 직장이라 퇴근해서 송장을 확인해 보고 연락을 준다고 했다. 아무리 생각해도 그 지역은 연고도 없고 보낸 사람을 알 수가 없어 궁금한 마음을 안고 밤까지 기다려야 했다. 하루 종일 궁금하게 보내다가 보낸 사람을 알게 되었다.

25년 전 같은 공간 안에 여러 개의 매장이 있는 곳에서 옷을 판매하던 시절이 있었다. 나는 고가의 밍크, 폭스, 무스탕 같은 모피를 판매했고 춘자는 노바란 상품의 남성복을 판매하고 있었다. 그 당시 일이 끝나면 직원들이 모여 가끔 회식을 한 적이 있었다. 각 매장 직원들은 다양했다. 미혼의 아가씨, 노처녀, 젊은 아기 엄마, 아저씨, 총각, 그중 춘자는 얼굴보다 다리에 자신감을 가지고 긴 생머리에 초미니를 즐겨 입는 30대에 아들을 하나 둔 엄마였다. 나는 그들 중 나이도 많고 내 매장을 갖고 있으니 밥과 술을 다른 사람보다 많이 샀다.

몇 년 뒤 추억만 남긴 채 우리들은 헤어졌고 유독 춘자하고만 가끔 전화나 카톡으로 안부만 주고받는 사이가 되었다. 그리고 십수 년이 지나고 나서 우리 아들 결혼식 때 다녀가면서 손으로 직접 짰다는 네이비색 빤짝이로 된 큰 가방을 선물로 주고 갔다. 얼마 전 책을 출간하고 "춘자야 언니 책 나왔어." 하고 연락을 했더니 애교가 뚝뚝 떨어지는 목소리로 엊그제 만났던 사람처럼 언니 진심으로 축하한다고 말해 주었다.

주소를 알려 달라고 해서 책을 보내 주었다.

보낸 사람을 알려 준다고 하더니 농장에서는 소식이 없다. 문자를 보냈더니 농장 주인 딸한테 문자가 왔다. 박춘자를 아시느냐고 물었다. 안다고 했더니 박춘자는 우리 엄마 친구라고 하면서 전화로 고객님한테 보내라고 해서 보냈다는 것이었다. 보낸 사람은 바로 춘자였다. 생각도 못한 의외의 인물에 깜짝 놀랐다. 알고 보니 포도농사를 짓는 농장 주인이 춘자의 친구였다. 처음 전화 통화를 할 때 시골의 할머니가 농사를 짓는구나 막연히 생각했었고 이 할머니가 무슨 춘자 친구야 하고 생각했다. 이야기를 듣고 보니 예전 30대의 춘자가 올해의 나이 60이라 했다. 긴 생머리에 초미니 스커트를 즐겨 입는 마음속 얼굴은 아직 30대에 머물러 있는데 춘자도 나이를 먹고 있었다. 나 혼자 나이를 먹어가는 것인 줄 알았는데 세월은 흐르고 있었다.

언니야! 언니 놀래켜 주려고 이름도 안 밝히고 깜짝 이벤트를 했다는 거였다.

얼굴은 못 봐도 이렇게라도 선물을 보내니 마음이 편하다고 했다.

춘자야! 요새도 미니스커트 입니? 물었고 언니 내 나이가 몇 살이요 하는 대답이 돌아왔다. 그리고 언니가 젊은 날 술 사 준 거 갚느냐고 했더니 그런가 하며 둘은 소리 내어 웃었다. 요즘에는 트로트 경연이 대세다. 트로트를 많이 듣다보니 설운도의 「춘자야 보고 싶구나」란 노래가 생각나서 흥얼거려 본다.

2020년 9월 가을

참을 걸

기대에 부풀어 수필 작가회에서 개최하는 1박 2일 세미나에 합류했다. 하루 일정을 끝내고 밤이 되면 모든 문우님들이 모여 이 밤이 지나면 떠나야 하는 아쉬움을 달래며 뒤풀이를 한다. 제사보다 젯밥에 마음이 있는 나는 유독 그런 자리를 좋아한다. 좀 늦게 참석하긴 했지만 내게는 빈 술잔 하나를 챙겨주는 사람이 없었다. 술잔은 돌아가고 단체 건배를 하는데도 빈 술잔 하나를 챙겨 받지 못했다. 비참한 마음도 들고 나 자신이 이렇게도 존재감이 없느냐고, 서운한 마음에 옆에 있는 동료만 원망하며 심하게 투덜댄 적이 있었다. 그 모습을 유심히 지켜보는 한 분이 있었다. 뭐 저런 여자가 다 있어? 술잔을 주지 않는다고 화를 내는 여자가 곱게 보일 리가 없다. 그 문우는 나를 보이는 만큼만 평가하고 있었다. 곱지 않은 여자가 해외 문학기행 때 상해로 가는 비행기를 같이 탔다.

지난 6월 상해 여행 중 버스로 이동할 때였다. 세미나에서 나를 지켜본 그 문우 분과 앞뒤로 앉게 되었다. 바로 앞에 앉은 내가 신경 써서 친해지려고 노력도 했지만 퉁명스럽게 받아치곤 해서 무안할 때도 있었다. 그때는 그분이 나를 대하는 태도가 나에 대한 선입견인 줄도 몰랐을 때였다.

세월이 흐르면서 그분은 나에 대한 편견도 풀렸고 내가 생각했던 오해도 풀렸다. 여럿이 가입된 밴드에 나를 피력한 글을 올리기도 했다. 그다음 세미나 때는 노래방도 같이 가고 서울에서 점심과 커피를 마시면서 말할 기회가 있어 허심탄회하게 웃으며 이야기한 적이 있었다. 사람들은 아는 만큼, 보이는 만큼만 평가할 때가 있다. 그분도 그랬으리라 생각한다.

어느 날 가게 밖에서 우당탕 소리가 났다. 상품이 걸려 있는 회전걸이가 넘어지는 소리였다. 가끔 그런 일이 발생하면 행인들은 미안해서 안절부절 못하거나 회전걸이를 제자리에 세우려고 노력하는데 오늘은 상황이 바뀌어 있었다. 어떤 젊은 남자가 주인이 누구냐고 소리를 지르고 있었다. 자세히 보니 지팡이를 짚고 선글라스를 낀 젊은 시각 장애인 남자였다. 사람 다니는 길에 물건을 내어 놓아 방해가 되었다며 신고를 하겠다고 한다. 인도(人道)는 구청 관할과 개인 소유로 나뉘어 있다. 앞 못 보는 사람에게 따지고 설명할 수도 없어서 사과하는 것으로 끝이 났지만 다음에 두고 보겠다고 협박을 하며 내가 사과하는 것을 녹음 버튼을 눌러 녹음까지 해갔다.

어찌나 화가 나던지 "소경 개천 나무라고 있네." 하고 혼잣말로 중얼거렸다.

그 일이 있은 후 한참 뒤 그 장애인이 우리 가게 앞에서 맴돌고 있었다. 말도 섞기 싫었지만 왜 그러느냐고 물어 보았다. 옆 건물에 있는 내과를 찾고 있다고 했다. 먼젓번 무안을 준 게 미워서 잠깐 갈등을 했지만 건물 옆에 출입구가 있는 내과까지 안내해 준 적이 있다. 이 사람은 내가 누구인지 모른다. 보이는 눈도 마음의 눈도 없으니 비장애인인 내가 이해하려고 노력했다.

시각 장애인은 나를 모른다. 모르는 게 편할 수도 있다는 생각을 해 본다. 언제 어디서 무슨 일이 일어날 수도 있고 내가 모르는 사이 나를 지켜보는 매의 눈이 있을 수도 있다. 언제인가 도움을 받을 수도 있다. 시각 장애인도 나도 욱해서 일어난 일이다. 지나고 나니 그까짓 술 한 잔이 뭐길래 그런 모습을 보인 나의 추태가, 경솔이, 욕심과 심통이 부끄러워지는 날이다. 남편은 가끔 '부인 체통을 지키시오.' 하며 놀릴 때도 있다. 좀 참을 걸.

2020년 9월 가을

뿌리

새로 단장된 넓은 마당을 들어서니 조금 전 산에서 보았던 서운한 마음이 조금은 풀리는 것 같았다. 모처럼 시간을 내어 동생의 농장에 내려갔다가 부모님 산소에 들렀다. 부모님 산소가 있던 자리에는 태양광이라는 시커먼 철판때기가 온 산을 덮고 있었다. 예전에 그 산은 우리 친정의 선산이었다. 할아버지가 살아계실 때 할아버지와 아버지가 산이 없는 동네 사람에게 산소를 쓸 수 있도록 양보했다고 한다. 요즘이라면 상상도 할 수 없는 일이었다. 수십 년이 지나 이제는 공동 산이 되었고 공동명의가 되었다. 최근에 그 산이 동네 사람들의 합의하에 팔렸고 우리는 억울한 일이지만 따를 수밖에 없다는 이야기를 들었다. 조금 낮은 쪽에 땅을 받아서 비석과 상석이 옮겨지며 이장이 되어 조상들의 산소가 형성되었다. 아버지의 묫자리가 있던 산을 쳐다보는데 내 눈에는 태양광의 열판이 유령처럼 보였다.

예닐곱쯤의 나이 때 이 집을 들어서면 침침해 보였던 사랑채에는 하얀 옷을 입고 장죽을 문 할아버지가 누웠다 앉았다 하는 게 보였다. 그에 비해 자그마한 키에 날렵한 할머니는 늘 바쁘게 종종걸음을 치고 있었다. 큰 머슴 작은 머슴 식구들이 많았고 불을 때는 부엌에는 까만색의 1인용 밥상 여러 개가 벽을 뚫은 긴 통나무 두 개(시렁)가 나란히 있는 시렁에 올려진 게 보였다.

그날은 할머니가 내몰다시피 보리밭에 어린 나를 데리고 나갔다. 들판에는 누렇게 보리가 익어 있었다. 바쁜 보리 추수철이라 갑자기 낫을 쥐여 준 할머니는 내게는 관심도 없었다. 시커먼 팔(八)자 눈썹을 한 할머니는 다정한 것은 고사하고 참 무서웠다. 어른들이 하는 대로 보릿대를 한 움큼 잡아 쥐고 낫질을 했다. 설겅 하는 느낌이 전해오며 왼쪽 집게손가락에서 피가 솟구쳤다. 누구의 도움인지는 몰라도 손가락을 움켜쥐고 집으로 달렸다. 할아버지는 흐르는 빨간 피 위에 담뱃가루를 뿌리고 꽁꽁 묶어 주었다. 할머니는 무서웠고 담배 냄새 나는 할아버지는 자상하고 푸근한 인상이라는 생각이 들었다.

읍내의 우리집과 농사를 짓는 할머니 집은 걸어서 한 시간 거리에 있었다. 명절이면 3대가 모인 식구들이 어마어마했다. 가까이 사는 우리 형제들에게 할머니는 엄하게 했고 모처럼 오는 도시의 사촌들은 예뻐하는 것 같아서 내 마음 한구석에는 팔자 눈썹 할머니를 싫어했었다. 남폿불이 여기저기 걸리고 낮 동안의 소용돌이는 어디 가고 바로 뒷산의 나뭇잎 부딪는 소리만 낮게 들리는 고고한 밤이 오면 할머니가 가끔 구수한 이야기를 들려주었다. 그때는 우리 할머니가 아닌 이야기 주머니로 변신한 요술 할머니처럼 보였다.

아이가 자라 결혼을 하고 20여 년이 흐른 뒤 친정에서 인감을 떼어 보내라는 연락이 왔다. 윗대 어른들은 영면하시고 번성했던 할머니 집은 구멍이 숭숭 난 창호지 문살이 뒤틀린 채 방치되어 있었다.

1992년 큰아버님이 300여 평 가까운 조상의 얼이 담긴 기역자 이 집을 위채만 증축을 하는데도 동의가 필요하다는 거였다. 아래채는 민속촌처럼 그냥 두었고 위채는 안씨(安氏) 가족들이 언제라도 와서 쉬어 갈 수 있게 리모델링을 하였다. 몇 해 전 동생들과 이곳에서 휴가를 보내기로 합의가 되었다. 쉬어 갈 방 두 개와 거실 청소를 하고 나서 한쪽 벽을 보니 한의원을 하신 증조부님이 고종 때 문관과 무관을 지냈다는 교지가 붙어 있었고 한지에 달 그림이 그려진 한 편의 시도 붙어 있었다. 한쪽에는 고인이 되신 큰아버님의 상패함과 메달함도 있었다. 동생의 설명에 의하면 증조부님이 남기신 약장, 한의서 같은 유물과 유품이 도둑을 맞기도 하고 남은 것은 시와 군에 기증을 하였다고 했다. 조상을 기리면서 남다른 자부심과 뿌듯함을 느끼는 날이었다.

지난해 갔을 때는 사람이 살지 않는 집이라 폐허 같았다. 아무리 관리를 잘해도 마당에는 잡초가 키 높이로 자라났고 거미가 집을 짓고 온갖 죽은 벌레들의 번데기가 흩어져 있었다.

태양광 때문에 우울했던 누나한테 동생이 새로 단장된 집을 보자고 했다. 허물어져 가는 담을 헐어내고 하얀 펜스로 울타리를 하고 대문을 만들었다. 마당은 잡초를 뽑아내고 시멘트로 바닥을 하였다. 증축을 할 때 계단과 계단의 양쪽을 지키게 만든 두 마리의 거북이도 깨끗하게 단장을 하여 마음이 흡족해졌다. 이씨 집성촌이었던 동네의 중앙에 높게 자리 잡은 고택은 이제 빛이 나기 시작했다. 아버지의 형제들이 번창했던 시기에 집안에 큰일이 있거나 명절 때면 집집마다 선물을 돌리는 걸 보며 자랐다. 우리만 성씨가 다른 타성이었지만 동네 사람들에게도 늘 당당하고 떳떳했던 기억이 났다. 흐뭇한 마음으로 말끔히 단장된 마당에 들어서니 옛 주인은 떠났지만, 초가을에 익다만 감이 툭 하고 떨어진다. 긴 대나무 빗자루를 찾아 떨어진 감들을 쓸어 한쪽으로 모았다.

문무관을 겸비했다는 증조할아버지가 타고 다녔다는 따가닥 따가닥 하는 말발굽 소리가 어디선가 들려오는 듯했다. 아직 살아계시는 연로한 삼촌들이 관리하고 내 동생들이 가까이서 보살피지만 앞으로는 이 집이 어떻게 될지 아무도 모른다. 60여 년 전 꼬맹이가 기억 한 자락 붙들고 이 집에 들어섰듯이 또한 세월이 흘러 누군가가 할머니 기억 한 가닥 잡고 감나무 아래 서 있을지도 모른다는 생각을 해 본다. 그래도 오늘은 조상의 숨결을 느꼈고 출가외인이라 하지만 순흥안씨(順興安氏)의 뿌리를 찾아 자부심을 느끼는 하루였다.

2021년 10월

교육법

친손자 부성이가 초등학교에 입학했다. 마침 학교가 우리 아파트 담벼락과 맞붙어 있어 가까워서 너무 좋다. 오늘이 3주째인데 아직도 아침이면 며느리가 학교에 데려다주느라 분주하다.

올해 네 살 외손녀 가원이가 어린이집에 들어갔다. 제 어미가 데려다주는데 울면서 안 떨어지려고 해서 일주일째 혼이 나고 있다는 전화를 받았다.

아이들 삼 남매를 키우던 때가 떠오른다. 아침마다 도시락을 싸고, 준비물을 챙겨 주고, 딸들은 예쁜 리본으로 머리도 묶어 줘야했다. 그때는 힘들었지만 지내 놓고 나니 아름다운 추억이 되었다. 세 아이를 키울 때 기억에 남는 얘기를 한 가지씩만 해 보려 한다.

맏딸 호야는 씩씩해서 초등학교 입학식 날 딱 하루만 데려다 준 기억이 난다. 호야가 입학을 하고 열흘 뒤 막내아들을 출산했으니 따라다닐 수도 없었다. 맏이라서 그런지 동생들도 잘 돌보고 모든 일에 적극적이고 학교 생활도 잘했다. 대학교에 입학하고 좀 지난 어느 날 집에 가니 누런 사자 한 마리가 누워 있는 줄 알았다. 자세히 보니 호야가 아닌가? 웬일이냐고 물으니 모 잡지사에서 신입생 인터뷰가 있는데 특징 없는 얼굴을 튀려고 노란 색으로 머리를 염색하고 사자머리 커트를 하였다는 거였다. 황당했지만 그 마음을 존중해 주었다.

둘째 쩡아는 위로 언니 아래로는 남동생이 있으니 본인이 늘 손해 보고 불이익을 당하고 있다는 생각을 해서 애정에 목마른 아이 같았다. 일곱 살 때 다니고 있던 유치원에서 연락이 왔다. 조금 다쳤으니 유치원에 나와 보라고 했다. 가서 보니 아이 입술이 부풀어 올라 두 배가 되어 있었다. 깜짝 놀라 물어보니 계단에서 넘어졌다고 했다. 아래 앞니 두 개 중 한 개는 3분의 1 한 개는 3분의 2가 부러져 있었다.

내가 영구치라 하는 데도 선생님은 자꾸만 유치라 우기고 있었다. 책임이 커질 것 같으니

까 아마 그렇게 믿고 싶었나 보다. 놀란 선생님들은 피범벅이 된 통통 부은 입술을 조금 가라앉히고 진정된 후에 연락을 한 거였다. 너무 늦게 연락을 한 탓에 치과에 갔는데 한 개만 신경을 살릴 수 있다고 했다. 그때는 유치원에 한마디의 질책과 원망도 못하고 지나갔는데 커 가면서 이를 볼 때마다 화가 났다. 아이는 부러진 이를 감추느라 잘 웃지도 못하고 그게 콤플렉스가 되었다. 고등학교에 들어가서야 이를 반듯하게 고쳐 주었다.

막내아들 빼야는 순하디 순하게 자랐다. 있는 둥 마는 둥 하였다. 세 번째 아이라서 엄마의 열정도 식어 있었고 모든 것에 무뎌져 있을 수도 있었다. 다섯 살 때 두 살 많은 작은 누나와 같은 유치원에 다니던 어느 날 눈 주위가 온통 시퍼렇게 멍이 들어서 왔다. 누가 그랬느냐고 따지러 가야 되나 고민하고 있었다. 어린이 보호 차량에서 만난 선생님께 눈 주위의 상처를 물어보려는데 선생님이 먼저 우리 아이와 싸운 아이의 상처가 더 컸다고 해서 아무 말도 못하고 그만두었다.

집 앞 횡단보도를 아들과 손잡고 건너는데 모르는 아줌마가 제가 작은 별반 대장이네라고 손가락으로 가리키며 말하였다. 그게 우리 아들한테 하는 소리였다. 나쁜 쪽으로 말하는 것 같지는 않았다. 작은 별반 대장이란 소리가 믿기지 않았지만 자기 밥그릇도 못 찾아 먹을 줄 알았던 아이였는데 은근히 안심이 되었다.

우리 아이들 키울 때와 달리 생활 수준, 교육 방법이 많이 달라지긴 했지만 자식들의 동동거림에 쓴웃음이 나왔다. 마음 같아서는 저렇게 안 해도 되는데 하는 생각이 든다. 우리의 윗대, 우리들, 지금의 세대는 많이 다르다.

일 때문에 남편과 함께 집을 비우고 아이들만 있을 때가 있었다. 어떠한 경우에도 거짓말과 속이는 것은 안 된다고 가르쳤다. 한창 크는 아이들이 먹고 싶은 것도 많을 때고 눈치 보고 기죽이는 게 싫었다. 그래서 동네 슈퍼마켓 한군데를 정해 놓고 각자 필요한 것을 사고 외상 장부를 자필로 적게 하고는 일주일에 한 번씩 계산을 해 주었다. 집에서는 용돈 장부를 적으라 했더니 중학교에 다녔던 큰아이는 용돈 기입장에 유흥비 얼마라고 적어 놓았다. 무슨 뜻으로 적었는지는 모르지만 솔직하라고 가르쳤으니 나무랄 수도 없었다.

요즘 「펜트하우스」란 금, 토 드라마를 흥미 있게 보고 있다. 가상이라 해도 너무 지나치다. 자식과 돈 앞에서는 살인도 불사하는 드라마다. 어른들의 권력과 재력, 욕심 앞에서 자식 모두를 망가뜨리는 것을 볼 수 있다.

둘째 쩡아 만삭 때 살던 집이 지대가 높아 계단 있는 골목을 오르내릴 때 힘에 부쳤다. 살림 밑천 큰딸은 힘든 엄마를 도와 대여섯 살 때부터 엄마 심부름을 다녔다. 심부름을 시키면 콩나물, 두부 등 반찬거리를 야무지게 사 왔다. 요즘 시절이면 아동 학대로 신고가 들어올지도 모르겠다.

큰딸 호야는 며칠 전에 『앤서 북』이란 잡지에 N잡러 20명 안에 들었다고 인터뷰한 것이 실렸다. 이런 기쁜 소식을 전해오는 날은 키울 때 무조건 믿어 주고 칭찬을 아끼지 않았으며 독립심을 키워준 교육 방법이 나쁘지 않았다는 생각을 해 보는 날이다.

아직도 3주 넘게 아들 대신 가방을 등에 걸치고 등하교를 시키고 네 살짜리를 어린이집에 보내려고 다섯 군데나 면담을 하고 어린이집을 골랐다는 자식들을 볼 때 험한 세상이다 보니 이해가 되기도 하지만 이렇게 하는 게 맞는지, 아니면 과잉보호인지, 나의 방목 교육이 옳았는지 비교가 된다.

오늘은 며느리가 부성이를 데리고 여행을 가자고 했다 제주도 가는 싼 항공비를 검색해보더니 주말에는 싼 게 없다고 하였다. 시어머니가 이상해 보일지 모르지만 부성이네 학교에 말하고 하루쯤 빠져도 괜찮다고 주중에 가자고 말했다. 우리 아이들은 정 학교에 가기 싫다면 보내지 않았다는 말을 보탰다. 어떤 게 좋은 교육방법인지 정말 모르겠다. 정답은 없다는 생각을 해 본다.

건강만 해라, 인성만 좋으면, 공부도 잘했으면, 부모의 욕심은 끝이 없다. 아이들 체벌은 절대 안 돼, 꽃으로라도 때리지 말라. 나의 욕심이라면 전교조 교육만큼은 피해 가자!라는 말을 하고 싶다.

2021년 3월

오케스트라

120여 명 카톡방에 초청 공지가 떴다. 새 정부 출범 '하나로 미래로' 사랑과 희망의 콘서트를 잠실 롯데타워 콘서트홀에서 한다는 거였다. 부부 동반이 가능하다는 공지는 귀를 솔깃하게 했다. 오후 6시에 식사를 제공하고 공연은 7시 30분부터 시작한다고 했다.

우리 부부는 각자 볼일을 보고 오후 5시에 만나기로 했다. 식사 1시간 전에 만나 롯데타워 구경을 하자고 약속했다. 롯데타워는 워낙에 넓었다. 부부는 길이 어긋나서 한참 만에 만날 수 있었다. 하는 수 없이 8층 콘서트홀을 찾아 미리 눈도장을 찍어두었다. 그러고 나니 6층 식당을 6시에 가는 것도 빠듯했다. 내 손에 초대권이 확보된 것도 아니지만 초청한 분의 이름을 대고 정해진 한식집에서 저녁을 먹었다. 일반 손님, 초대 손님으로 왁자지껄 식당은 정신없이 돌아가고 있었다. 겨우 두 자리를 찾아 앉았는데 갑자기 떠오르는 생각이 있었다.

큰집 사촌오빠가 롯데그룹에 관련이 있어서 사촌올케가 잠실 롯데타워에서 한식당을 크게 한다는 소리를 들은 적이 있었다. 음식을 주문하러 직원이 왔다. 여기 사장님이 여자냐고 물으니 '네, 대표님이 여자세요' 하는 소리를 듣는데 무슨 생각인지 이 집이 올케가 하는 식당일 거라는 반 확신이 들었다. 확신은 확신을 낳았다. '숙성시대'라는 한식당 간판도 직원이 말해주는 대표님 이름도 낯설지 않게 느껴졌다. 갈비탕을 먹는 중에 공지를 올린 분께서 어디냐고 전화가 왔다. 초대권 티켓을 식사 중에 전해 받았다. 식당 주방 쪽을 흘끔거리며 온통 머릿속에는 올케를 볼 수 있다는 생각으로만 가득 찼다. 바삐 돌아가는 식당에서 고개를 드니 양복 정장을 차려입은 머리카락이 없는 민머리의 남자가 자리를 안내하고 있었다.

몇 년 전 사촌오빠의 아들 결혼식 때 본 그 모습이었다. 그날 새신랑은 민머리를 하고 있었고 음악 관련 일을 하고 있다고 들었다. 그 당시 특색 있는 결혼식이라 기억에 남아 있었다. 조카라고 확신한 나는 그 남자의 손을 용기 좋게 잡으면서 오빠의 이름을 대고 내가 고모라고 말했다. 세종호텔에서 결혼식 때 보았노라고 하니 맞다고 고개를 끄덕였다. 식당이 단체손님으로 바쁘니 조카는 엄마를 도와주러 왔구나 하고 내 나름 굳은 확신을 했다. 지금 정신없이 바쁘다며 명함을 달라고 했다. 서로 명함만 주고받았다. 그 사람은 조용할 때 꼭 전화하겠노라고 말하며 다른 좌석으로 옮겨갔다.

이렇게 되니 오랫동안 보지 못한 손위 사촌올케가 보고 싶어졌다. 기억이 가물대지만 나보다 나이도 많을 텐데 지금 보지 않으면 영 기회가 오지 않을 것 같아 초조해졌다. 식사를 주문한 직원한테 대표를 만나볼 수 있느냐고 했더니 그 바쁜 와중에도 불러 주겠다고 쉽게 말했다. 마음은 있어도 식당이 바쁜 걸 보고는 아쉬워도 공연장으로 가야지 하고 나오는데 내 앞에 앞치마를 한 젊은 여자가 다가와서 자기를 찾았느냐고 다소곳이 공손하게 인사를 했다.

아뿔싸, 아무리 마스크를 했지만 내가 만나고 싶어 하는 올케는 아니었다. 민망해서 죄송하다고, 미안하다고 하면서 서둘러 나왔다.

시간이 넉넉하니 8층 공연장을 여유 있게 찾아들었다. 자리를 잡으니 스테이지가 가장 잘 보이는 2층 좌석 가운데 있는 로얄석이었다. 처음으로 와 본 2036석의 콘서트홀은 웅장했다. 홀 중앙 건너편에는 양복 정장에 빨간 넥타이를 맨 솔리데오 장로 합창단, 그 윗줄에는 하얀 드레스를 갖춰 입은 여성 합창단, 베토벤 합창단 등이 객석을 채우고 있었다.

공연 중에 큰 발견이나 한 듯 내가 말했다. 연주자들 중에 마스크 끼지 않은 사람도 섞여 있다고 하니 현악기는 마스크를 착용하고 관악기는 미착용이라고 남편이 대답했다. 아 맞아 나팔(플루트, 트럼펫, 클라리넷, 호른 등)은 마스크를 낄 수가 없지 혼잣말을 한다. 마스크 시대의 단면을 여기서도 본다.

연미복을 입은 지휘자가 나오고 '프라임 필하모닉 오케스트라'의 연주는 봄밤을 길게 수놓았다. 소프라노, 테너, 바리톤의 노래가 끝날 때마다 뜨거운 박수는 그칠 줄 몰랐다. 베이스와 소프라노 듀엣의 '살짜기 옵서예'는 코믹함을 선사했다. 두 남녀의 화음은 고막을 찢으며 눈과 귀를 즐겁게 했다. 청중과 합창단 모두가 모인 콘서트홀 마지막에는 「희망의 나라로」의 노래로 한마음 한뜻이 되어 무대를 찢었다. 조금 전 식사 중에 일어난 해프닝은 언제 일어났느냐는 듯이 오케스트라가 연주하는 열광의 도가니 속에 묻혀 버렸다.

이틀 뒤 조용한 날 식탁에 앉은 우리는 오케스트라 공연에 간 날을 떠올리고 있었다. 가방에서 조카라고 생각하며 받은 명함을 꺼냈다. 조카는 안 씨여야 하는데 윤 씨 성을 가진 새 명함이 나왔다. 그날 일어난 일은 경솔한 내가 지레짐작해서 빚어낸 사건이었다.

벚꽃 휘날리는 그날 밤에는 프라임 필하모닉 오케스트라 단원들의 연주에 행복했다. 피나는 연습에 의한 절도 있는 화음에도 감격했다. 나의 연습 없는 인생에 불협화음은 계속된다. 엉뚱한 엇박자 내 행동을 얘기하고 곱씹으며 우리는 그 저녁 내내 웃었다. 민머리 가짜 조카의(?) 전화는 끝내 오지 않았다. 우리네 인생도 오케스트라처럼 어울려 살아가는 것이 아닐까?

2022년 4월 봄밤

팥 주머니 사랑

별로 크지도 않고 무겁지도 않은 택배가 도착했다. 내용물이 궁금했지만 겉 상자엔 발송인 이름도 없어서 조심스레 상자를 열었다. 양쪽에는 긴 꼬리가 달린 검정 천에 싸인 팥 주머니가 나왔다. 팥의 효능을 설명한 설명서가 나왔고 전화를 걸어 확인해 보니 우리 연맹회 회장님이 회원들에게 선물한 팥 주머니였다.

팥은 비타민, 미네랄 등 영양소가 많아 몸에 좋은 여러 가지 효능이 있고 팥 주머니는 어혈을 풀어 주고 독소를 빼주며 붓기를 내려주어 몸에 많은 도움을 준다고 한다.

고맙다는 인사를 문자로 보내고 그 즉시 실험에 들어갔다. 팥 주머니를 살펴보니 총 무게가 800g에 긴 직사각형 모양으로 바느질한 방 하나에 팥 100g씩 8개의 방에 나뉘어져 들어 있다. 설명서대로 돌돌 말아서 전자레인지에 2분간 돌리니 구수한 팥

냄새가 온 실내에 퍼진다.

따끈따끈한 주머니를 배에 두르고 안마기 위에 누우니 천국이 따로 없다. 따스한 온기가 몸속으로 스며들며 피로가 싹 가시는 걸 느끼게 한다.

팥 주머니를 제작한 분의 말은 한의학을 전공한 미국에 있는 딸이 엄마한테 이 사업을 권했다고 한다. 효능도 좋지만 반영구적이란 말도 잊지 않는다.

미국에서는 의외로 흑인, 백인도 애용하며 엄지척을 한다고 했다.

얼마 전 둘째를 출산한 둘째 딸과 산후바라지로 고생하는 사돈과, 큰딸, 남편 병수발로 고생하는 지인을 위해 5개 주문을 넣었다. 값이 비싸지도 않아서 선물하기도 좋고 써 본 사람들은 팥 향도 좋고 효과가 좋다고 알려온다. 차를 가지고 외출할 때는 따끈하게 데워서 별도의 가방에 넣어 가지고 다니며 애용한다.

얼마 뒤 검사와 수술로 병원에 입원을 하게 되었다. 그때도 팥 주머니 사랑은 계속되었다. 시간 날 때마다 주머니를 데워 한 몸이 되었다.

3인실 방에 막 수술한 40대 젊은 여 환자가 들어왔는데 통증으로 밤새 고통 속에 울고 있었다.

그다음 날 정신을 차렸을 때 따끈한 팥 주머니를 수술 부위에 놓아 주었더니 통증도 많이 완화되고 너무 좋다고 한다. 친정 엄마도 함께한다고 해서 두 개를 주문해 주었다.

아무리 명의, 명약이 있어도 경험을 해 보지 않고는 좋은 것을 모른다. 내가 경험해 본 결과로 자신 있게 권할 수 있었던 것 같다. 수술 뒤 병원에서는 수술 부위에 바르라고 보습제를 주었다. 보습제는 깊은 속살까지는 효능이 미치지 못하는 것 같았다. 그때 팥 주머니가 떠올라 수술 자국 위에 올렸더니 멍울도 빠지고 자국도 희미해지는 걸 느꼈다.

여름을 지나고 가을바람이 솔솔 불어오니 팥 주머니가 또 그리워진다.

배 위에 올리면 소화도 잘되고 잠도 잘 온다면서 남편은 다리 위나 배 위에, 아들은 목 뒤에 올려놓기를 좋아하는 식구들의 팥 주머니 사랑이다.

떡에 들어가는 팥고물도, 여름에 팥빙수 속에 들어 있는 통단팥도 정말 맛있다. 평소에 팥죽도 참 좋아한다. 팥은 먹는 즐거움도 있지만 몸에 유익한 의료기 역할도 하는 것 같아서 더욱 좋다. 팥 주머니를 보내 주시고 알게 한 지인에게 무한 감사를 드리며 그 팥 주머니 사랑은 영원할 것 같다.

오늘도 팥 주머니와 한몸이 되어 잠자리에 든다.

2020년 10월 가을

황금기

가을 햇살 좋은 날 아파트단지의 넓은 길을 피해 샛길을 걷는 것은 무엇과도 비교할 수 없는 기분 좋은 일이다. 늦여름에는 수크령이 피어 마음을 설레게 하더니 얼마 전에는 작은 포도 알맹이 같은 보라색 좀작살나무 열매가 눈을 즐겁게 한다. 아직 서리가 내리지 않아서인지 예쁜 녹색 크로바가 소복소복 무리 지어 나를 반긴다. 익지 않은 주먹만 한 모과가 하나씩 떨어져 뒹굴기도 한다. 이런 걸 볼 수 있다는 여유가 너무 좋다.

선물의 집(portable lollipop)을 시작한 지 10년을 훌쩍 넘기고 있다. 아파트단지를 벗어나 사거리에 서면 나뭇가지 사이로 전광판에 지하철이 들어오는 게 보인다. 초록 불을 켜고 작은 자동차가 화면에 뜨면 내가 타고 가는 열차가 들어오는 거다. 그때부터 마음이 바빠진다. 지하철을 놓칠세라 숨을 헐떡이며 달린 적도 한두 번이 아니다. 선물의 집을 50대 중반에 시작했다.

세월이 흘러 공짜로 지하철을 타는 나이도 한참이나 지났다. 처음에는 수입도 꽤나 괜찮았다. 인터넷 판매가 활성화되고 경기 불황으로 몇 년 전 그만둘까 하는 생각도 잠시 한 적이 있었다. 남편은 적자만 아니면 글도 쓰고 사무실 겸 그냥 하라고 했다. 그때의 선택이 고마울 뿐이다. 지금은 눈 뜨면 나갈 데가 있는 것만으로도 행복해하고 있다.

주위에 연을 맺고 있는 지인들과 여행도 하고 대화를 하는 때가 많다. 우리 또래나 나이 든 분들과 이야기를 나누다 보면 젊음이 좋긴 하지만 그 시절로 다시 돌아가고 싶다는 사람은 없었다. 나도 그렇다. 지금 최선을 다해 살아가는 게 황금기가 아닌가 생각해본다.

어느 날 10년 주기로 나를 분석해 보았다. 결혼하고 10년은 아이들 낳고 키우면서 철없이 살던 때였고, 그 후 10년은 남편의 사업이 고비를 맞고 같이 생활 전선에 뛰어들어 앞이 보이지 않게 힘들게 살았고, 그리고 10년은 아이들 뒷바라지하면서도 즐거웠고 극복하는 시기였다. 30년의 고비를 넘기니 아이들은 학교를 졸업하고 하나둘 결혼을 하였다. 그때부터 나를 위해 공부도 하고 여행도 하는 안정기가 왔다. 그동안 하고 싶었던, 글쓰기를 배우게 된 황금기가 열리고 있었다.

삼 남매가 가정을 이루어 떠나가고 둘만 사는 집은 단조롭기는 하지만 또 편하기도 하다. 후덕해진 몸매의 뒷모습을 거울에 비춰 보는 내게 남편은 뭘 보느냐고? "그냥 네모다"라고 하였다. 그런 말도 수치스럽지 않고 웃어넘길 수 있는 편한 나이다. 20대에 만나 얼굴의 주름도, 하얗게 세어가는 머리도, 축 쳐진 몸매도 이해해 줄 수 있으니 그 또한 좋은 것이다. 둘이 말다툼해서 꿀꿀한 어느 날 핑크색 도브 세수 비누 위에 닳아서 조금 남은 파란색 세수 비누를 업어 한 몸인 걸 보았다. 섬세한 남편 때문에 비누 거품이 사그라들듯이 마음이 풀리면서 피식 웃음이 난 적이 있다.

젊은 시절 옆도 뒤도 돌아볼 겨를 없이 살다보니 사람이 할 도리도 못하고 살아왔다. 생활의 여유를 찾으면서 조금씩 눈을 뜨고 인사를 하면서 살았다.

집으로 택배가 오면 내가 주문한 물건이든, 선물이든 상자 속이 궁금하고 설레는 마음으로 상자를 풀게 된다. 올봄에는 청주에 사는 지인에게 책을 보냈더니 농원에서 직접 사서 부쳐온 노란 프리지어와 수선화 꽃이 거실을 환하게 해 주었다. 싱싱한 꽃을 보내주어 근 한 달을 그 꽃에 취해서 살았다.

눈을 크게 뜨니 주위에는 각계각층에서 나라와 사회와 개인을 위해 봉사하는 훌륭한 단체도 많았다. 지금까지는 잘 모르고 살았지만 이제라도 알았다는 게 다행이라는 생각이 든다. 사람을 알고 단체를 알게 되니 바빠지기 시작했다. 여행이든 모임이든 일단 오케이 하고 본다. 웬만하면 참석을 한다. 나를 필요로 하고 건강할 때 다니려 하고 있다. 코로나로 해외여행은 금지되었지만 얼마 전 지인들과 금산까지 가서 블루베리 와인을 담가서 가져오고 그저께는 지인의 농장이 있는 여주 이천에 가서 고구

마도 캐어 왔다. 결실의 계절, 넉넉한 인심이 이 가을을 풍요롭게 한다.

외출할 일이 많아지고 경조사도 챙겨야 하고 나이가 들어가니 젊을 때보다 더 분주하게 살아가고 있다. 친한 동생한테 지나가는 소리로 올가을엔 국화가 보고 싶어 했더니 잘 포장된 국화 화분 9개를 보내왔다. 같은 날 대봉을 보낸 지인도 있었다.

국화 향과 정이 가득 차 흘러넘쳤다. 남편은 가끔 보내오는 선물과 바쁘게 사는 날 보고 요즘이 당신의 황금기라고 말했다.

큰딸에게서 어느 날 "엄마 어디야?"라는 전화가 왔다. 여기는 진주인데 했더니 "아빠랑 같이 있어?"라고 하는 거였다. 아니라고 했다. 며칠 뒤 또 전화가 온 날 마침 또 서울을 떠나 있었다. "여기는 이천 고구마밭이야." 했더니 아빠만 두고 엄마 너무 하는 거 아니냐고 했다. 뭘? 엄마는 지금 황금기야 했더니 "알겠어요, 엄마 황금기 잘 보내세요." 엄마만 행복하면 된다는 대답이 왔다. 반짝이는 스타가 된 것도 아니고 벼락부자가 된 것도 아니다. 소소한 행복에 미소 지을 수 있는 지금이 가장 좋은 때라는 생각이 든다. 나이 드니까 참 좋다. 눈치 볼 것도 없고 24시간을 거의 내 시간으로 살 수 있으니 이제는 남도 돌아 볼 수 있고 여유 있는 떳떳한 나의 황금기!

딸의 말처럼 남편도 함께 황금기의 열차에 동승하여 같이 했으면 더욱 좋으련만….

2021년 10월

4

아! 풀꽃 만남

이태원

남대문시장에서 일을 보고 남산을 거쳐 해방촌을 지나 이태원 크라운호텔까지 왔다. 골목길로 접어들면서 운전하는 남편에게 조금 천천히 가자고 해 보았다. 오늘은 예전에 살던 집을 꼭 가 보고 싶었는데… 서울 첫 정착지 추억이 쌓인 길을 휙 지나치며 청화아파트까지 올라와 버렸다. 길 건너에는 남편이 맡아서 공장을 했던 곳이 보이고 그 건물 모퉁이를 돌아서면 공장 아이들이 모여서 먹고 자며 기숙하는 방이 있던 곳이 보인다.

40년 전 1981년도 늦여름 녁 자짜리 장롱 두 쪽, 노란 바탕에 빨간 단풍잎이 박힌 비키니옷장, 소형 냉장고를 실은 작은 트럭이 크라운호텔을 끼고 힘겹게 오르막을 오른다. 남편의 직장 따라 대구에서 서울로 이사를 오는 날이다. 급하게 구한 월세방은 장이 조금만 더 높았으면 장이 천장을 뚫게 생긴 작은 방이었다. 옴팍한 슬래브 집은 지붕이 낮았고 주인집이라야 별반 다를 게 없었다. 안방과 작은 방을 터서 한방에서 부부와 아이 셋이 함께 생활하고 있었다. 지금 생각하면 마당이 얼마나 좁았으면 전체 시멘트로 된 마당을 주인집 아줌마는 플라스틱 솔로 매일 빡빡 닦았다. 그래서 이끼 한 번 끼지 않고 늘 깨끗했다. 주인집과 세 든 우리 집 8명이서 수도꼭지 하나로 생활했다. 마당 전체가 욕실이고 세면실이었다. 여름이면 아이들과 여자들은 수돗가에 둘러앉아 집에 있는 양산, 우산 다 펼쳐서 가리고 목욕을 하곤 했다. 1년이 지나니 월세를 올려 달라고 했다. 그 당시 그 소리가 어찌나 야속하던지 이게 집 없는 설움이 구나 생각하며 눈물이 찔끔 났다. 그리고 반년 뒤 전세로 이사를 했지만 유독 그 집이 그립다.

아이가 셋이 되고 집을 사기까지 그 동네에서 7년쯤 살았다. 큰아이 유치원에서 만났던 원아의 엄마들과 친목계를 했고 그 세월이 35년이 되었다. 처음에는 매달 명동 '숲속의 빈터'라는 레스토랑에서 만났고, 나중에는 두 달에 한 번, 나이가 들어가고 일 년에 두 번씩 만나게 되면서 부부 모임이 되었다. 이제 대부분 일선에서 물러난 남편들이 이 모임을 더 기다린다. 작년에는 해외여행을 계획했다가 아픈 사람이 있어서 취소가 되었고 올해는 코로나로 만남을 갖지 못했다.

모임을 하게 되면 첫 수필집을 선물하려고 기다렸는데 코로나로 자꾸만 미루게 되었다. 멀리 사는 친구는 우편으로 보내주고 아직까지 이태원에서 자리를 지키며 김가네 김밥집을 하는 객지

벗에게 책을 전해 주러 왔다. 아이들과 산책을 나오면 매일 지나다녔던 길인 우리나라에서 가장 뛰어난 시설과 장비를 가졌다는 정수 직업 훈련원(현 한국 폴리텍대학)에서 맞은편 길을 오르면 김가네 김밥집이 나온다. 김밥집을 들어서니 친구는 마스크 낀 얼굴로 반기면서 포옹을 하고 또 했다.

몇 년 전 리움미술관에 왔다가 들렀을 때는 앉을 자리가 없이 호황을 누렸었는데 김밥집도 썰렁했다. 직원도 내보내고 종업원 한 사람과 두 내외가 김밥집을 하고 있다. 주로 상가 쪽에 배달이 많았는데 가게가 문을 닫으니 배달이 줄었다고 한다. 커밍아웃을 해서 한때 떠들썩했던 연예인 홍모모 씨도 10개 이상의 식당을 운영했는데 가게도 다 문을 닫았다며 걱정이 이만저만이 아니다. 김밥 한 줄과 낙지 덮밥을 앞에 놓고 과거 여행을 한다. 35년 전의 추억도 어제 일처럼 생생히 떠오른다며 수다 삼매경에 빠진다. 남편들은 거의 70줄에 들어섰고 아픈 사람도 생긴다. 만나면 반갑고 즐거운 걸 마음대로 만날 수도 없는 세상이 되었다. 나이들이 있으니 몸을 사리기도 한다. 씁쓸할 뿐이다. 친구는 수필집을 전해 주니 대단하다며 축하해 주었다.

40년 전과 별로 변화가 없는 이태원 거리다. 이사 와서 얼마 지나지 않아 큰아이를 잃어버려 보광동 종점까지 찾아 헤매던 생각이 떠오르는 골목길을 돌아 나오니 고향에 온 기분이 들지만 국제적이라던 거리가 삭막하고 황량해졌다. 언제쯤 생기 있고 활기찬 거리가 될 수 있을까? 코로나 때문인지 알 수는 없지만 경제가 바닥을 치고 서민생활을 병들게 한다. 마스크 벗고 만나자는 말을 남기고 주차된 차로 오니 예전 어느 날 가을처럼 차 지붕 위에는 은행잎이 노랑나비가 되어 팔랑팔랑 춤을 추며 내려앉고 있었다. 나훈아의 최신곡 아! 테스형 세상이 왜이래?란 노래를 틀었다. 마음이 심란해진다.

지금은 흔하게 볼 수 있는 패션이지만 그 당시는 찌는 듯한 여름에도 긴 가죽 장화를 신고 다니는 외국인을 이상한 눈으로 보았던 추억의 거리 아~ 아 이태원!

2020년 11월 만추의 계절

꽃신

남자 이름을 가진 화가 할머니가 지팡이에 몸을 의지하고 이별을 하러 들렀다. 가게를 하면서 알게 된 93세 윤 할머니다. 재력도 있고 능력도 되지만 연세가 많은데 홀로 지내고 있으니 자식들은 걱정이 되어 서울 생활을 청산하고 장호원에 딸이 마련해 준 거처로 옮긴다고 했다. 96세 남자친구는 서운해서 어떻게 하느냐고 물었더니 이제는 만날 수도 없고 마지막이라는 말을 했다. 70세 넘어 그림을 배우고 화가로 인정받아 개인 전시회도 열고 수상도 여러 차례 하신 분이다.

이태 전 강릉 오죽헌에 있는 신사임당, 율곡 생가를 방문한 적이 있었다. 거기 있는 전시관에서 검정 고무신에 그린 꽃그림을 보고 한눈에 반해 버렸다. 언젠가는 나도 그려봐야지 하던 생각이 93세 할머니를 떠올리며 용기를 내었다. 무엇부터 시작해야 할지 몰라서 망설였다. 제일 먼저 큰딸과 며느리에게 부탁하여 검정 고무신을 구입했다. 신발 밀리 수대로 여러 번에 걸쳐서 주문한 게 한 50켤레쯤 되었다. 작은딸은 그림붓, 아크릴 물감과 바니시를 사서 보내 주었다. 며칠을 망설이다가 붓을 들었다. 근 50년 만에 붓을 잡는 거였다. 인터넷 검색을 하고 미키마우스 그림이 그려진 세 칸짜리 사기그릇에 물감을 짜서 꽃잎과 이파리 그리는 것을 연습했다.

그리고는 실전에 들어갔다. 제일 먼저 집에 있는 옹기로 된 작은 항아리에 보라색 꽃잎을 그리고 흰색을 덧칠하고 녹색 잎을 그렸다. 아기로 치면 걸음마를 배우는 거였고 초보 중에 왕초보였다. 조금 자신감이 생겨서 검정 고무신에 한 잎 한 잎 꽃을 그려 나갔다. 배운 적도 없는데 꽃이 되고 꽃송이가 되는 게 신기했다. 첫 번째는 손자 부성이 신에 꽃을 심어 주고 그다음에는 사회친구 25년 지기 아픈 그녀에게 꽃신을 선물했다. 그녀 말로는 아까워서 땅을 밟지도 못하고 실내에서만 신는다고 했다. 신발을 선물하면 도망간다고 하더니 이제는 영영 올 수 없는 하늘나라로 가 버렸다.

지난겨울은 코로나로 거리두기를 할 때라서 실내에 머무는 시간이 길어지면서 꽃신을 그리는 좋은 기회가 되었다. 한 켤레 두 켤레 여러 켤레의 꽃신이 그려졌다. 구절초도 그리고 동백, 해바라기, 이름 모를 야생화, 무궁화, 감도 그렸다. 책 출판을 하고 나서 책을 구입해 주고 힘과 용기를 주신 지인들에게 신발 선물을 했다. 꽃신을 산다는 분들도 나타났다. 20켤레 정도는 선물로

나갔고 20켤레는 주문을 받아 판매를 했다. 겨울은 추웠지만 꽃 그림과 노느라 겨울이 따스했다.

오늘은 털신을 벗고 내가 그린 보라색 꽃잎에 주홍 꽃술이 들어 있는 꽃신을 신고 길을 나섰다. 가로수가 된 벚꽃이 눈을 호강 시킨다. 춘천 김유정 문학촌이 내려다보이는 골에 자리 잡은 남동생 네 '그대와의 인연'이란 농장에 왔다. 알맞게 자란 쑥과 씀바귀가 지천이다. 너무 많아서 뜯는데 지루했다. 나물도 드문드문 있어야 귀한 줄 알고 찾는 재미도 있을 텐데…. 꽃신에는 흙과 검불이 붙었다. 계절이 계절인 만큼 한 마리쯤 꽃을 찾아 날아오를 나비는 아직 없었다.

윤 할머니는 남자친구에게 전화가 오면 내가 아는 동네 친구한테 놀러 왔다고 하곤 했다. 그 연세에 액세서리와 화려한 옷, 꽃신도 좋아한다. 아직도 생각은 청춘이요 마음은 소녀다. 기억력과 지혜는 우리보다 훨씬 낫다. 문화센터에서 만난 남자친구는 유난히 말이 통해서 가끔 차도 마시고 밥을 먹는다고 했다. 못 만나는 것은 생이별을 하는 거다. 이야기를 나누다 보면 남자 친구한테 여자이기에 가끔 질투도 하는 것 같았다. 내 뜻이 아닌 자식에 의해 족쇄가 채워진다는 것은 마음으로 용납이 되지 않을 것 같았다. 자식 이긴 부모는 없었다. 그래도 대쪽같이 살아온 분인데도 어쩔 수 없이 받아들인다는 것이 슬펐다. 더 이상 노년의 러브스토리는 들을 수 없을 것 같아서 마음이 아려왔다. 윤 할머니는 삭정이 같이 마른 다리에 꽃신을 신고 기약 없는 이별을 하고 멀어져 갔다.

며칠 전 가게에 진열된 꽃신을 보고 키가 큰 손님이 270mm 신발을 주문했다. 봄꽃이 만발하는 이때 나는 검정 고무신에 꽃을 심어야겠다. 꽃신을 그릴 때는 온갖 잡념도 사라지고 참 행복해서 좋다.

검정고무 꽃신의 의미는 아닐지라도 꽃신은 인생 내내 꽃길을 밟고 살아가라는 축복의 의미가 담겨 있다고 한다. 내가 그린 꽃신을 신는 모두가 행복했으면 좋겠다. 이별의 꽃신이 되었지만 나는 꽃신의 꽃 그림을 사랑한다.

2021년 4월

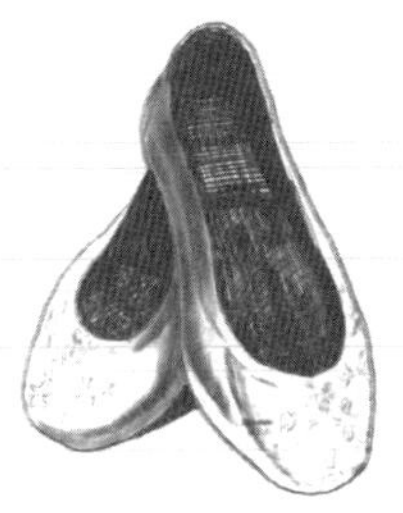

아! 풀꽃 만남

소속되어 있는 모임에서 공주로 1박 2일 워크숍을 떠났다. 주최 측이 아닌 난 묻지도 따지지도 않고 따라가기만 하면 된다. 대절한 버스 안의 평균 연령이 60 정도는 되어도 마음은 모두 청춘이다. 공주에서 초청한 분의 집은 공영 주차장 바로 옆이어서 찾기도 쉬웠다. 아담한 한옥 앞에는 맑은 물이 흐르는 제민천을 끼고 있었다.

점심때 좀 지나 도착한 일행은 가방을 던져 놓고 제민천 산책에 나섰다. 제민천은 금학동 생태공원 발원지에서 길이 4.2km 폭 5m 미만의 개천이다. 산책 코스로는 최적이었다. 제민천 발원지의 잔잔하고 아름다운 호수는 크로아티아 플리트비체 국립공원을 연상케 하는 경관이었다. 호수를 끼고도는 둘레 길에는 활짝 핀 노란 민들레와 풀꽃들이 발길을 멈추게 한다.

공주 시내를 관통하는 제민천은 공주 시민의 허파라고 한다.

제민천의 18개의 교량 중 중간쯤의 다리를 건너서 클로버와 냉이 꽃이 꽃밭을 이룬 곳을 지났다. 벽돌색의 오래된 교회가 눈앞에 나타났다. 독립 운동가의 발자취가 깃든 1902년에 세웠다는 공주 제일 '협산자'(우산을 옆구리에 낀다는)교회는 유관순 열사가 신자이기도 했던 예배당이다. 또 박목월 시인이 결혼식을 올린 곳이기도 했다. 1, 2층을 둘러보다가 나중에 합류한 해설사의 말을 미처 끝내기도 전에 돌아 나왔다.

제민천을 끼고 창틀과 벽을 노란색으로 칠한 어묵을 파는 집에서 허기를 달래었다. 분식집 영업 마감 시간도 오후 6시라고 해서 마음이 급했다. 저녁에는 숯불고기 파티가 기다리고 있으므로 더 먹는 걸 참아야 했다.

공주사대 부고를 지나서 조금 높은 곳에 꽃으로 울타리가 된 곳에 도착했다. 한눈에 보아도 너무나 예쁜 적산 가옥이 나왔다. 집을 들어서기 전 길목에는 겹황매화(죽단화)가 울타리 되어 앞다투어 피어 있었다. '공주풀꽃 문학관'이라고 쓰인 현판 옆 마당에는 여러 대의 카메라가 돌아가고 자그마한 할아버지가 포즈를 취하고 있었다. 그 할아버지는 바로 나태주 시인이었다. 아직 촬영이 끝나지 않았으니 뒤뜰 구경을 하라고 했다. 뒤뜰에는 연산홍이 만개하여 붉게 불타고 있었다. 뒤뜰이 끝나는 곳에는 옆집 담을 사이에 두고 작은 돌들이 깔려 있었다. 그 길이 얼마나 아름답던지 포토존이라고 하면서 모두들 사진을 찍었다. 분식집에서 어묵을 더 먹고 라볶기를 더 시켜 먹었으면 문학관은 문을 닫고 나태주 시인은 만나볼 수 없었다며 절묘한 타이밍에 좋아들 했다.

일행 중 한 분한테 아들에게서 전화가 걸려왔다. 나태주 문학관에 왔다고 하니 요즘 뜨는 미스터 트롯 나태주가 문학관까지 가지고 있느냐고 해서 한참 웃었다. 동명이인의 나이 든 나태주, 젊은 나태주가 서로 덕을 보고 있다고 했다. 1945년생 78세의 나 태주 시인은 곱게 화장을 하고 촬영을 하고 있었다. 촬영을 끝내고 우리들과는 많은 사진을 찍을 수 있게 모델이 되어 주었다. 푸근한 마음씨가 좋았고 유명한 시인을 가까이 만나볼 수 있어서 너무나 좋았다. 여러 편의 시가 집 안과 밖 곳곳에 걸려 있어 쉽게 읽을 수 있었다. 누구나 쉽게 이해할 수 있고 간결한 시는 더 이상 설명이 필요 없었다.

1930년대에 지어진 일본식 가옥의 문학관은 깔끔하게 손질 되어 있었다. 뜰 가운데는 「풀꽃」 시가 어른 가슴 높이의 큰 돌에 새겨져 있었다. 풀꽃 시인을 상징하듯 4월의 풀꽃은 가옥 전체를 꽃밭 속에 서 있게 했다. 잔디 속에 숨어 눈에 잘 띄지도 않은 하얀 꽃을 밟지 말라고 나태주 시인은 말했다. 자세히 보니 코딱지만 한 하얀 풀꽃이 점점이 푸르름 속에 숨어 있었다.

이웃의 다정한 할아버지 같은 시인은 한국시인 협회 회장을 맡고 계신다고 했다. 수필을 쓸 때도 핵심을 찌르는 말 한마디, 불필요한 말을 누를 수 있는 촌철살인이란 말을 많이 쓴다. 시인은 시를 쓸 때도 전광석화 같이 써야 하며 급소를 치는 침과 같아야 한다고 말했다.

나태주 대표 시 「사랑에 답함」을 한 권씩 선물로 받아왔다.

짧은 시에 걸맞게 작은 포켓용 시집이었다.

고소, 달콤, 영양 듬뿍 유명하다는 공주 알밤은 작은(거인) 시인의 「풀꽃」 시에 묻혀 버렸다. 짧은 풀꽃 시에 반했다.

풀꽃의 유혹에 시 한번 끄적여 본다.

풀꽃 - 안경환

문득 고개를 숙이니 꽃이 보인다.
말없이 피고 지니 알 수가 있나
태어나고 싶어 태어나지 않았듯이
눈에 띄지 않은 곳에 피고 싶어
그 자리에 있었을까?
그렇지 넌 유혹을 했어
넌지시 널 바라보라고
사진에 담아보라고
예쁘다 예뻐 금방
시들어 버릴 운명일지라도.

풀꽃 - 나태주

자세히 보아야 예쁘다
오래 보아야 사랑스럽다
너도 그렇다.

세 모녀의 은밀한 대화

둘째 딸이 둘째를 출산했다. 딸은 오늘 링거를 뽑고 정신이 드는지 머리를 감고 싶다고 했다. 산부인과에는 그날따라 간호사나 도우미 아줌마들이 아담하고 날씬한 사람만 있었다. 엄마와 딸이 병원에 딸린 샤워장으로 가는데 대형 거울이 걸려 있었다. 둘이서 떡하니 거울 앞에 섰는데 결혼 전 야릿한 몸매는 어디 가고 산후 붓기와 20kg 늘어난 딸이 몸을 비춰 보며 하는 말이 "엄마! 우리 둘은 거인국 사람 같아" 해서 키득키득 웃었다.

아픈 배를 조심하며 엄마가 딸의 긴 머리를 감겨 주며 이야기가 시작되었다.

큰애가 졸업하고 첫 직장을 가지면서 수입이 생기니 엄마와 동생을 호강 시켜 주겠다고 강남에 있는 마사지샵에 같이 가자고 했다. 이 핑계 저 핑계로 말을 듣지 않으니 새로 생긴 가까운 동네 한증막에 데리고 갔다. 때를 불리고 원적외선 가마 방에서 모래시계를 거꾸로 세워가며 시간을 보내다가 마사지 아줌마를 불러 때를 밀고 오일을 발라서 전신 마사지도 받게 하고 호강을 시켜주었다. 모처럼 몸이 호강을 했지만 세 명이 하기엔 만만찮은 금액에 부담이 되어 다시는 가지 않겠다고 했다.

"엄마! 매일 고생한 내 몸에 상을 주는 거야. 이런 것도 못하면 돈은 왜 벌어"라고 했다. 어느 한가한 주말 한증막에 가자고 하는데 가지 않겠다고 완강히 버티는 엄마에게 학교 다니는 동생이 없는 날 둘이서 후딱 갔다 오자는 거였다. 아무도 몰래 둘이서 목욕 가방을 챙기고 집을 빠져나오는 데 성공했다. 셋이면 20만 원 들 돈이 한 사람 몫의 돈이 줄어 큰딸한테 부담을 적게 주니 속으로 쾌재를 불렀다. 둘만 살짝 마사지 받고 가는 거야! 마침 손님도 없는 한가한 탕 안에서 은밀한 둘만의 대화에 모녀는 희희낙락하고 있었다.

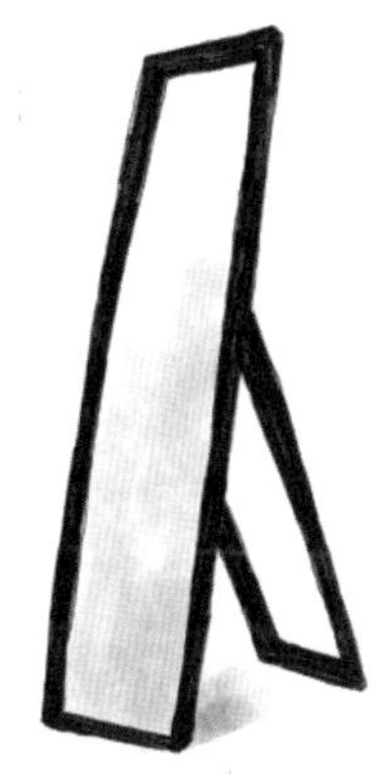

그때 목욕탕 문이 열리고 늘씬한 한 아가씨가 큰 타월을 몸에 두르고 들어섰다.

아악!! 우리는 깜짝 놀랐다. 왠지 눈에 익다했는데 둘째 아이가 우리를 향해 걸어왔다. 엄마 왜 놀래? 하면서 너무나 당당했다. 우리는 죄지은 사람처럼 벌린 입을 다물지 못했다. "어 어 어떻게 왔어?" 말을 더듬으며 물었더니 엄마와 언니가 좀 전에 한증막에 갔으니 아빠가 빨리 가라고 했다는 거였다. 우리의 탈출이 성공이라고 생각했는데 그곳에는 아빠라는 복병이 있었다. 그날도 우리 큰딸은 거금을 지불했다. 나와 작은딸은 예전 그날의 일을 재미있게 웃으며 대화를 주고받았다. "엄마가 머리를 감겨 주니 너무 좋아, 내가 어린애가 된 기분이야."라며 둘 아이의 엄마가 된 딸은 정말 좋아했다.

코로나로 산부인과에는 면회도 안 되고 딱 한 사람 보호자만 있어야 했다. 주차장 통과는 어떻게 했는지 큰딸이 우리를 찾아왔다. 시간별로 산모 체크를 하는 간호사가 오면 한 사람의 신발은 감춰놓고 화장실에 잠깐 몸을 숨겼다가 나와서 또 세 모녀의 수다는 계속되었다. 셋만 떠난 태국 파타야 여행, 제주도, 남이섬, 경춘선 열차를 타고 강촌의 문배마을을 다녀온 얘기, 세 모녀의 얘기는 끝날 줄 모르고 이어졌다.

산부인과 회복실 입구에 놓여 있는 산모 침대는 높고 보호자 침대는 조금 낮았다. 어느 날 엄마와 침대를 바꿔 누운 딸이 엄마 침대가 더 편하다고 했다. '그럼 그냥 그대로 누워 있어 내가 산모인 줄 알 거 아니야, 주사도 내가 맞을게' 했더니 '그만 웃겨요, 수술한 배가 터질 것 같다' 하면서도 웃음을 그칠 줄 모른다.

6일차 산모와 아기 모두 건강하여 딸네 집으로 퇴원을 했다.

집을 대충 치우고 페북 친구가 보내온 산모에게 좋다는 진도 미역으로 국을 끓였다. 산후조리원 대신 엄마의 산바라지가 시작되었다. 시각 장애인 산모전문 안마사가 집으로 매일 출장을 왔다. 큰아이도 가끔 와서 조카 아기의 우유도 먹여주고 안 하겠다는 엄마를 설득하여 세 모녀가 교대로 마사지를 받았다. 큰딸보다 키는 5센티가 작고 몸무게는 15kg이 더 나가는 엄마의 후덕한 몸을 마사지하며 마사지사가 하는 말은 요가를 해서 몸이 날씬한 큰따님과 엄마랑 몸매가 똑같다는 거였다. 손과 손바닥 팔꿈치로 몸 구석구석을 지압하는데 엄마는 근육질 몸이고 얼굴이 예뻤을 것 같다고 해서 기분이 좋았다. 앞이 하나도 안 보이는 시각 장애인이 몸매가 똑같다는 말을 하는 것이 신기할 뿐이었다. 별걸 다 닮는군. 결국 골격이 닮았다는 거잖아. 진짜 우리 딸 맞네! 기분이 묘했다.

일이 있는 큰아이였지만 동생네 집에 엄마가 와 있으니 수시로 드나들었다. 신생아는 2~3시간씩마다 수유를 한다. 에엥 소리에 수유를 마치고 산모도 잠이 든 늦은 시간에 한숨 돌리며 큰딸과 아기 침대 아래 나란히 누우니 큰딸이 말했다. 이게 보모 잠자리야 하는 소리에 또 크게 웃다가 작은딸이 깨어나서 셋이서 또 웃었다. 산모 도우미가 된 엄마가 힘들었지만 쉽게 올 수 없는 세 모녀의 유쾌했던 날들이었다.

큰딸은 큰딸대로 작은딸은 작은딸대로 자기 몫을 해낸다. 엄마 지금 코스트코인데 필요한 거, 먹고 싶은 거 있으면 말하라고 했다. 조카를 출산한 동생과 엄마를 위해 한 보따리 먹을거리를 물어 들인다. 이제 각자 가정을 가진 아이들이니 남자들은 모르는 세 모녀의 은밀한 대화의 기회가 오지 않을 수도 있다. 가끔 친정에 올 때면 짝이나 어여쁜 혹들을 달고 오지만 이제는 다른 대화로 즐겁다. 오늘이 일 년 전에 태어난 외손자 기윤이 돌이었다.

친구 같은 두 딸이 말했다. "우리 엄마, 아프지 말고 건강하게 오래오래 함께 살아요!"

2021년 3월 29일

계영배

물질이 풍족한 세상에 자제할 줄 아는 것도 지혜다. 긴 방학을 지나고 개강 첫날, 방학 중에 일어난 수많은 개인적인 일과 사건, 코로나, 대선 등 굵직한 일들이 많지만 대선 선거가 막바지로 치닫고 있을 때 이어령 교수님이 소천하셨다는 비보가 전해졌다. 2022년 2월 26일 89세로 유명을 달리하신 시대의 지성, 문화계의 별이 졌다. 교수님은 이어령 선생님을 위한 묵념을 하자고 제안했다. 우리 반 선생님 모두는 한마음이 되어 엄숙한 가운데 이어령 선생님의 명복을 빌었다.

처음 별세 소식을 접하고 딱 떠오르는 생각은 평창동에 있는 영인문학관이었다. 몇 년 전 교수님을 따라 영인문학관에 간 적이 있었다. 영인문학관은 이어령의 영 자와 부인 강인숙 선생님의 중간자 인을 따서 영인문학관이란 이름을 지었다고 했다. 그 말이 제일 기억에 남았다. 그날 영인문학관 안에는 소설가 고 최인호의 유작 전시회를 하고 있었다. 젊은 날에는 최인호의 소설을 닥치는 대로 보았다. 지금으로 말하면 찐팬이라고 말할 수 있다. 『별들의 고향』, 『타인의 방』, 『불새』, 『깊고 푸른 밤』, 『바보들의 행진』, 『가족』을 읽을 때는 심장이 쫄깃쫄깃거렸고 젊은 감성을 자극하기에 충분했다. 『유림』, 『해신』, 『공자』 등 여러 권씩 묶인 역사장편소설도 밤을 새워가며 단숨에 읽어 내렸다.

십수 년 전에는 최인호의 2000년 작 소설 『상도』에 빠져서 행복했었다. 상도는 파란만장했던 삶을 살았던 대상(무역 왕) 임상옥이란 조선 후기의 실존 인물을 그린 역사 소설이다. 상도에는 계영배 잔이 자주 나온다. 잔에 술 7할을 부으면 더 이상 잔이 채워지지 않고 아래로 흘러 버려 술을 가득 채울 수 없는 원리로 만들어졌다는 것이다. 임상옥은 부자가 될 때마다 이 술잔을 옆에 두고 보며 마음을 다잡았다고 한다.

또 계영배 잔은 중국의 춘추시대 군주의 올바른 처신을 위해 끝없는 욕망을 경계하며 늘 곁에 놓아두어 마음을 가지런히 했던 그릇 有坐之器(유좌지기)로 불리었다고 전해진다. 서양에도 같은 원리의 컵이 있는데 피타고라스가 만들었다고 피타고라스 컵이라고 한다. 동서양을 막론하고 과욕은 부리지 말라는 뜻으로 전해진다. 지나친 것은 미치지 못함 보다 못하다는 과유불급이란 말로도 통하는 것 같다. 어느 때인가는 잔은 차야 맛이라고 술잔이 찰랑찰랑 되도록 술잔을 채운 적도 있었다. 그나마 요즘은 7부, 8부 하면서 좋은 현상인지는 알 수 없지만 술잔에 여유를 두고 술을 따르는 것을 볼 수 있다.

생활 속에서도 쓸데없는 것을 많이 채우고 산다. 얼마 전 15년 쓰던 냉장고가 고장이 났다. 사람 아닌 냉장고도 목숨을 끊기가 어려웠던지 밤새 큰 숨을 내시더니 명을 다해 버렸다. A/S를 불렀더니 주말이라 이틀을 기다려야 했다. 냉장 냉동고가 기능을 다하니 그냥 둘 수가 없어 냉장고 속 물건을 옮기려고 정리를 시작했다. 지난봄에 일행보다 많이 캐어온 쑥 뭉치, 데쳐서 넣어놓은 배추와 무청 시래기, 코스트코에서 사 와서 먹다 남은 생굴, 생선 등은 미라가 되어 누워 있고, 해마다 몸에 좋은 것이라고 사돈이 보내온 블루베리 알갱이가 허옇게 얼음을 뒤집어쓰고 냉동고를 꽉 채우고 있다. 언젠가는 먹겠지 하고 욕심을 내고 쌓아둔 내가 미련스럽기 짝이 없다. 쓰레기 봉지에 너무 많이 채워넣어 찢어져서 일이 커지기도 한다. 그게 다 욕심으로 빚어진 것이다. 그때마다 나를 반성하며 소설 속의 계영배 잔을 자주 떠올린다. 계영배 잔은 한자어로는 가득 참을 경계하라는 잔으로 쓰인다고 하니 소설 속에, 글 속에서 배우며 나를 다독인다.

사람의 욕심은 끝이 없다. 아흔아홉 개를 가진 부자가 한 개를 가진 사람의 한 개를 빼앗아 백 개를 채우고 싶은 게 사람의 욕심이라 했다. 과욕은 양심을 마비시킨다. 항간에는 많은 걸 가졌으면서도 국민의 세금인 법인카드를 마음대로 썼다는 말도 돌고 있다. 그런 사람일수록 차고 넘치면 뱉어 내어야 하는 계영배의 원리를 일깨워 주고 싶다. 특히 정치인과 경제인이 계영배의 의미를 알았으면 하는 마음이다. 세상 사람이 다 그런 것은 아니다. 빼앗기는커녕 어려운 사람을 도와주는 기부천사들도 있다. 내 경우는 수년간 장사를 하고 있다. 힘들 때도 있었지만 얻은 것도 많다. 힘들 때는 맑은 날이 있으면 흐린 날도 있지 하고 마음을 비운다. 요즘은 매출이 없어도 마음을 많이 내려놓고 있다. 그래야 내 마음이 편하다.

소설을 읽고 계영배를 알게 해 준 최인호 선생님, 이어령 교수님, 두 거성이 이제는 이 땅에 안 계신다. 새로운 작품을 만날 수도 없으니 정말 안타깝다.

마음에 와닿는 이어령 교수님의 명언을 소개하며 음미해 본다.

나이 먹고 세월이 흐르면 시간이 없으니
자기가 좋아하는 일부터 먼저 하라

너무 욕심 부리지 말라 하네 사람이 살아가는데
그다지 많은 것이 필요치 않으므로

70돌

어릴 때는 전쟁이란 소리보다 난리라는 소리가 익숙했다. 얼마 전 칠순을 맞이한 내가 세상에 온 때가 6.25전쟁이 휴전한 해이니 전쟁을 직접 겪지는 않았다.

70년이란 긴 세월이 흐르다 보니 휴전(休戰)과 정전(停戰)에 대해서도 여러 가지로 의견이 엇갈린다. 휴전은 전쟁이 끝난 게 아니라 잠시 쉰다는 것이고 정전은 전쟁 재발에 관계없이 멈추거나 정지한다는 의미로 읽히는 것이다.

초등학교 입학을 앞둔 겨울, 연습 중인 비행기가 조종사의 실수로 우리 집을 시작으로 낮은 비행을 하며 갈지자로 마을을 치고 동네 앞밭에 추락한 사건이 있었다. 맨발로 잠시 피신한 나는 이웃 할머니 품에 안겨 '또 난리가 났구나' 하는 소리를 들었다. 그때에 어른들의 이야기를 들으며 6.25전쟁이 났다는 걸 처음 알게 되었다. 나의 경우는 전쟁 직후 엄마의 배 속에서 이미 전쟁이란 공포가 태교로 답습되었다는 생각도 해 본다. 내게도 집을 두 동강이 낸 비행기 추락의 공포가 오랫동안 남아 있었다. 유독 장마철 천둥 번개가 칠 때면 이불을 뒤집어쓰고 있곤 했다. 범도 무서워하지 않을 단단했던 엄마도 먹구름이 몰려오면 서둘러 일을 마무리하고 우리들을 꼼짝하지 말고 방에 있으라 하며 천둥소리에 예민한 반응을 보였다. 나의 그 공포는 도회지 생활이 시작되고 피뢰침, 고층빌딩 숲에서 살 때까지 오랫동안 남아 있었다.

살아오면서 책을 통해 선배나 주위에서 전쟁 이야기를 많이 들었다. 초등학교 다닐 때는 빨간 글씨로 쓴 반공, 방첩 표어는 가는 곳마다 붙어 있었다. 피난살이의 설움, 분단의 아픔, 아직도 자유를 찾아 내려오는 탈북민들, 모두가 전쟁이 남긴 상처들이다.

얼마 전 충북 음성으로 가족 여행을 떠났다. 우연히 들른 곳이 감우재 전승기념관이었다. 감우재 전승비는 6.25전쟁 발발 이후 국군이 최초의 승전을 거둔 감우재 전투를 기념하는 비(碑)다. 용감히 싸우다 전사한 용사의 정신을 후세에 길이 전하고자 건립되었다. 전승비를 보며 어릴 때 엄마에게 수도 없이 들었던 대구 근교 가산 따분재(다부동 전투)에서 밤새도록 콩 볶듯이 쏘아대던 따발총 소리를 들었다는 얘기가 떠올랐다. 다부동 전투는 아주 중요한 전투였다. 대구를 빼앗기면 부산까지 위험해지기 때문이었다. 국군을 지휘한 백선엽 장군은 ‘내가 제일 앞에 설 테니 후퇴하면 나를 쏴라' 하면서 앞으로 나아가 인민군을 막아낼 수 있었다고 한다. 감우재 전투도 예외는 아니었겠지 하는 생각이 들었다.

가끔 듣는 엄마 이야기를 떠올려 본다. 엄마는 시집와서 첫째 아들인 나의 오빠를 낳아 경북 청도로 피난을 가는 도중 첫돌을 맞았다고 했다. 또 엄마는 친정에서 딸이 많은 집 막내딸로 태어났고 외아들인 오빠가 교직에 있었는데 이북으로 끌려가서 소식이 없다고 하는 소리를 듣고 자랐다. 외숙모는 남편을 기다리며 홀로 아들 둘을 키웠다. 그 당시 외숙모는 당연히 그렇게 사는 사람인 줄 알았다. 철들어 생각해 보니 외숙모는 전쟁의 큰 피해자였다.

서울에서 가끔 친정에 내려가면 우리 엄마와 외숙모는 같이 나이 들어가면서 시누이, 올케가 아닌 친자매처럼 사이좋게 지내는 것을 보았다. 의지하고 다정하게 지내던 외숙모가 먼저 고인이 되셨을 때 엄마는 아주 힘들어하셨다.

며칠 전 5월 31일 6시 조금 넘은 이른 아침 이불 속에 있던 핸드폰이 드드드 소리를 내기 시작했다. 깜짝 놀라 열어보니 서울에 경계경보 발령이라는 메시지가 떴다. 뭐부터 해야 할지 아무 생각이 떠오르지 않았다. 조금 있다가 경계발령 해제, 오보라는 문자가 들어왔다. 북한에서 쏘아올린 미사일 때문이었다. 카톡방에 불이 나기 시작했다. 어느 한 분은 집에 있는 현금과 패물, 여권을 한 가방에 집어넣고 대피할 장소를 물색했다고 한다.

지하철 동작역이 깊어서 좋다는 소리를 하기도 했다.

1968년 무장군인 31명을 데리고 내려와 청와대를 기습한 김신조 사건, 1983년 2월 25일 미그기를 몰고 온 이웅평 사건이 재조명되며 그 당시 놀랐던 기억이 되살아났다.

어린 시절 친정의 삼촌들은 가끔 이런 이야기를 들려주었다. 아버지의 형제가 7남 2녀 9남매였는데 9남매 모두 전쟁 때문에 피해를 입지 않고 무사했던 것은 조상이 돌봐서 그렇다는 소리를 자주 들었다. 그때는 무심히 흘려들었지만 지금 생각해 보면 쉽지 않은 일이란 생각이 든다. 6.25가 나고 피난을 갈 때 아버지는 아버지의 할아버지(증조부)가 하시는 한의원의 침을 지니고 피난을 갔다고 한다. 피난 중에 돌도 되지 않는 아들 눈에 돋은 다래끼를 침으로 찢어 치료했단다. 선무당이 사람 잡은 거였다. 오빠는 그 흉터를 평생 안고 살아야했다. 효자인 오빠는 한 번도 부모를 원망하거나 흉터에 대해서 불평하는 것을 들은 적은 없지만 어쩌면 평생을 콤플렉스로 살았을 수도 있겠다는 생각을 한 적이 있었다. 철들어 생각하니 가족이 전쟁에 끌려가지 않고 죽음이 없었을 뿐이지 오빠가 아기였을 때 남긴 흉터는 혼자 한 평생을 안고 가야 하는 전쟁이 남긴 상처가 아닐까? 70 중반을 살아낸 오빠지만 오빠의 여린 마음을 생각하니 어느 날 날카로운 침이 되어 나를 찌르고 있었다.

"아우야 이거 보래이" 뉴욕의 거리 삼성 전광판에 6.25 남침을 막아낸 백선엽 장군과 맥아더 원수 영웅들의 영상이 뜬다!

한미동맹 70주년, 우리는 영원한 혈맹이다. 미국에 사는 오라버니가 가슴이 벅차오른다는 말과 함께 영상을 보내왔다. 나의 70은 뜻깊고 의미 있는 70돌이 되었다.

휴전 70주년을 맞으며 이 땅에는 더 이상의 전쟁이 없기를 휴전이 아닌 통일로 이어지기를 소망해 본다.

2023년 6월 6일 현충일

몽돌

걷기 운동이 좋다는 것은 누구나 다 아는 일이다 그렇지만 실천하기란 쉽지가 않다 나이가 들면 약봉지만 늘어난다더니 나라고 예외일 수는 없다. 어느 날부터인가 무릎이 결리면서 걸으면 통증이 느껴졌다. 이 약 저 약 좋다는 약을 먹었더니 무슨 약으로 나았는지는 모르지만 아픔이 사라졌다.

어느 날 아침에 눈을 떴는데 걷기운동을 해 봐야겠다는 생각이 갑자기 떠올랐다. 그길로 옷을 챙겨 입고 집을 나서 아파트단지 길을 따라 구석구석 다니기 시작했다. 며칠 뒤 남편도 합류를 하고 새들이 재재대는 작은 공원을 찾아내었다. 한 바퀴를 도는데 3분 소요 10바퀴를 도는 걸로 계획을 세웠다. 한 5천 보 가까이 되었다. 혼자 걷는 것보다 덜 심심하고 든든해서 좋았다. 세설이 흩날리는 아침 나란히 발을 맞춰 걸으면서 소곤소곤 재미있는 이야기도 나누었다. 무슨 이야기 끝에 발끈하길래 뒤도 안 돌아보고 앞서 나가다가 인기척이 없어 살짝 돌아보니 사람이 보이지 않았다. 삐쳐서 집에 가 버렸나 하고 보니 저만치 나무 사이로 거꾸로 돌아 걸어가고 있는 게 보였다. 둘이서 거꾸로 돌다 보니 한 바퀴 돌 때마다 두 번씩은 마주치게 되었다. 남편은 얼굴도 들지 않고 모르는 남남처럼 투명인간 취급을 하며 지나치는데 그 상황이 어찌나 우습던지 화난 것도 잊고 혼자서 히죽히죽 많이 웃었다.

내과 병원을 하고 있는 남편의 친구 병원에서 초음파를 하고 유방암 전문센터 큰 병원을 소개받았다. 그날이 금요일이었는데 2일 뒤면 큰 병원으로 가는 날이다. 입원할지도 모른다는 생각에 주방에서 이것저것 준비를 하고 있는데 갑자기 흐느끼는 울음소리가 들리는 게 아닌가. 깜짝 놀라 소리를 따라가 보니 남편이 안방에서 이불을 뒤집어쓰고 서럽게 울고 있었다. 왜 그러느냐고 물으니 흐느끼는 울음소리는 점점 커지고 있었다. 가슴이 철렁했다. 죽을병이라도 걸렸다고 친구가 따로 전화 왔느냐고 물으니 아니라고 고개를 흔들었다. 내가 주방에 있길래 뭐 하느냐고 물었는데 병원 가면 언제 나올지도 모르니 준비를 좀 해놓고 가야 한다는 소리에 너무 막막하고 슬펐다는 거였다. 약해진 남편의 눈물을 보았다.

우회전하자마자 횡단보도가 있는 길인데 우리 차가 멈춰 섰다. 삭풍이 불던 겨울날 팔다리가 부자연스런 노인이 다리를 끌며 힘들게 횡단보도를 건너고 있었다. 비보호인데 기다려 주었다.

신호등이 끝날 때가 되어서야 겨우 다 건너는 것을 보았다. 측은한 마음을 감출 수가 없었다.

여보! 저것 봐요, 저게 우리의 미래일 수도 있다고 했더니 만약에 저 정도가 되면 자기가 수족이 되어 부축을 하든지 휠체어를 끌고라도 같이 다녀주겠다고 했다. 차가운 저녁 길이었지만 마음은 따뜻해져 왔다.

오늘 아침에도 "여보! 운동 갈래요?" 하고 물었다. 잠결에 몇 시냐고 물어보더니 10분 뒤에 가자고 했다. 한번 뱉은 말은 법같이 지키려는 여자 때문에 피곤하다고 말했다. 단잠을 깨우는 세상에서 제일 몹쓸 악녀가 된다. 안 간다고 말했다가 무슨 소리를 들을지 모른다며 부스스 이불 속에서 몸을 뺀다. 선식과 미숫가루를 섞어 타 놓고 계란반숙, 방울토마토 몇 알을 접시에 올려놓고 재활용품을 버리고 왔는데도 꿈지럭거리고 있었다. 나이가 들면 성질도 몸도 급하게 되는 것은 여자들뿐인가? 현관을 나서며 새로 산 운동화 끈이 잘못 묶여서 불편하다고 투덜댄다. 못들은 척하며 엘리베이터를 타지 않고 계단으로 내려와 버렸다. 공원을 끼고 돌다 보면 몇 바퀴를 돌았는지 까먹기가 일쑤다. 그래서 한 바퀴 돌 때마다 새끼손톱만 한 회양목 한 잎을 따서 주머니에 넣는다. 한 잎 한 잎 따서 넣다 보면 조금씩 다른 크기와 색깔을 가진 10개의 잎이 모이면 오늘의 목표가 끝이 난다. 마지막에는 운동 기구에서 몸 풀기를 한다.

쉬는 휴일 아침에는 집에서 좀 떨어진 '서울 식물원' 공원에 왔다. 호수를 따라 크게 한 바퀴만 돌아도 1시간가량 소요가 된다. 물속에는 어른 팔뚝만 한 물고기들이 노닐고 갈대가 우리를 반겼다. 곧 봄이 되면 나뭇가지에 움이 트고 예쁜 꽃들이 피어나겠지 하는 생각을 하며 걷는다. 둘이서 티격태격하다가도 걷다 보면 어느새 발걸음을 나란히 하며 걷고 있다. 힘들 때는 슬퍼하고 울어주며 부딪히고 깨지며 40년 넘게 모난 돌 두 개가 몽돌이 되어 가는 여정을 살고 있다.

오늘도 사랑 한 줄 미움 한 줄 씨줄 날줄 베를 짜듯 부부의 역사를 엮는다. 진정한 몽돌이 되는 날은 한 40년 더 살아야 될까 보다. 한 바퀴 돌고 나면 제자리가 되는 동그란 공원을 돌듯이 남은 세월은 둥글게 둥글게 살아야겠다는 생각을 해 본다.

2021년 3월 초순

잿밥에 눈멀어

북한 이탈 주민을 돕는 새조위(새롭고 하나 된 조국을 위한 모임)란 통일운동 NGO(민간단체)가 있다. 거기에서 작은 힘이라도 보탬이 될까 하는 마음으로 한쪽 발을 담그고 있다. 소극적인 나와 달리 적극적으로 봉사하고 열정을 다하는 분들을 보면 대단하다는 생각을 많이 한다.

서울 강서구 마곡에 있는 '통일 문화센터'에서는 남북한 사람들이 모여 이야기하고 토론하는 '남북생애 나눔'이란 프로가 있다. 새조위 추천으로 그 프로에 참석한 적이 있었다. 탈북한 사람들의 살아온 이야기를 듣고 있노라면 우리로서는 상상도 못할 이야기들이 많다. TV에서 하는 「이제 만나러 갑니다」라는 프로를 가끔 보지만 거기보다 더 생생하고 훨씬 가슴 아픈 이야기들을 들을 수 있었다. 우리나라에서도 말로만 하는 막연한 통일이 아닌, 생각보다 훨씬 통일을 위하여 물밑에서 고생하시는 분들이 많다는 것을 느끼는 요즘이다.

깊이 세세하게 알 수는 없지만 새조위는 기부금으로 운영하는 단체로 알고 있다. 전국 여러 곳에 있는 병원을 통해 탈북민을 위한 의료지원을 하고 있다. 기부금으로 장학금도 주고 해마다 열리는 '통일 연극' '북한 사투리 노래자랑'이란 생각보다 규모가 꽤 큰 굵직굵직한 행사들을 한다. 코로나로 잠시 중단되었지만 지난해는 비대면으로 통일 연극도 했다. 올여름에는 사무실에서 중고 나눔 바자회도 성황리에 마쳤다.

새조위 대표로 있는 신미녀 대표는 자그마한 체구와는 달리 탈북민의 대모가 되어 올해로 19년째 이 단체를 이끌어가는 대단한 능력의 소유자다. 사심이 없어 작은 물품 기부라도 힘들게 살아가는 탈북민을 위해 우선으로 챙기는 걸 본다.

추석 며칠 전 일이다. 신 대표가 함께하는 백건살(백 년까지 건강하게 살자)이라는 카톡방에 뜬금없는 공지가 떴다. 여러 마리가 얽힌 냉동 닭 사진을 올리고 몇 봉지가 필요한지 신청하라는 거였다. 한참 침묵을 지키던 카톡에 한 사람이 본인 이름 아래 두 봉지가 필요한지 숫자 2를 올리니 다른 사람이 또 2를 올렸다. 나도 따라서 2를 올렸다. 아무도 묻지도 따지는 사람도 없었다. 알고 보니 생닭을 기부하겠다는 단체가 있는데 미리 주문을 받아서 보내 준다고 했다는 거였다. 삼계탕 닭이 한 봉지에 다섯 마리씩 들어 있다고 한다. 팔아 주는 건 줄 알고 두 봉지씩 주문했다가 공짜로 주는 것이라고 하니 숫자 2가 1로 슬그머니 바꿔고 있었다. 식구가 없는 집은 한 봉지만 있으면 된다고 욕심을 내려놓는 거였다. 나는 며느리와 한 봉지씩 먹어야겠다고 두 봉지를 받기로 했다. 닭이 녹기 전에 가져가라는 소리에 반가운 얼굴들도 만나고 폐를 끼치기 싫어서 가게를 비우고 하루 일과를 포기하는 걸로 결정을 내렸다. 닭을 가지러 가기 전에 또 하나의 주문이 있었다. 합정동에서 꽈배기 도넛 장사를 하는 탈북민을 돕자는 말이 나왔다. 카톡방에는 말이 끝나자마자 금방 14만 원이 만들어졌다.

종로에 있는 사무실에 도착하니 탈북민들에게 닭과 도넛, 어린이 우산. 국수 등의 선물을 우선적으로 주고 있었다. 한꺼번에 주문을 받은 도넛은 미처 튀기지 못해 일부만 보내오고 나머지는 나중에 온다는 거였다. 탈북민들을 미리 챙겨 보내고 몇몇이 남아서 도넛을 기다리며 남겨진 도넛으로 차를 마셨다.

우리집에는 아들네 세 식구가 와서 기다리고 있었다. 오늘 금요일 밤 우리 집에서 잠을 자고 토요일 새벽 2시에 기상하여 4시에는 경남 현풍에 있는 산소에 벌초를 가기로 약속이 되어 있었다. 말은 하지 않았지만 도넛을 기다리는 마음은 초조해지기 시작했다. 새벽에 출발해야 하니 보온병에 따뜻한 커피와 간식거리로 꽈배기 도넛을 챙겨 가면 환상의 궁합이란 생각만 머리에 가득 찼다. 내 사정을 아는 동생이 내 생각을 눈치 챘는지 간식으로 먹던 도넛 몇 개를 봉지에 넣어 챙겨주며 먼저 가라고 했다. 신 대표는 큰 다발의 마른 국수를 두 다발이나 넣어 주어

꽤나 무거운 짐이 되었다. 갓 튀겨낸 도넛은 아니지만 아이들도 만나고 벌초 때 가져갈 도넛을 챙겨서 들뜬 마음으로 서둘러 집으로 왔다. 가방 정리를 하는데 아뿔싸! 녹기 전에 가져가라는 소리에 내 가게도 팽개치고 닭 가지러 갔는데 닭을 챙겨오지 않은 거였다.

이거 폴짝 뛸 일이 아닌가! 도넛(잿밥)의 달콤한 유혹에 빠져서 정작 메인을 놓친 격이 되었다. 며느리에게 한 팩을 줘야지 생각했던 것도 물거품이 되었다. 어찌나 나 자신이 한심하고 화가 나던지 투덜거림이 길어졌다. 듣고 있던 아들이 내가 닭을 사 준다고 하면서 엄마 그만하라고 했다. 혹시나 하고 아는 동생한테 연락했더니 모두들 끝나고 헤어졌다는 거였다. 닭 안 가져온 이야기를 했더니 후원하는 데서 딱 맞추어 200마리를 보내왔는데 닭이 남아서 이상하다고 하면서 갈라 갔다는 거였다.

포기하고 있는데 그 동생한테 우리집으로 온다는 전화가 왔다. 두 팩을 가져왔다면서 신랑이랑 같이 지하주차장까지 와서 한 팩을 전해 주고 갔다. 민어 두 마리를 챙겨주긴 했지만 미안했다. 가까운 곳에 살고 있어서 다행이라는 생각으로 위안을 삼았다. 내 불찰로 한 봉지를 더 가져가신 분이 집도 먼데 우리집에 도로 가져다주겠다고 했다는 소리도 들었다. 같이 나이 들어가면서 어찌나 뭉클하고 따뜻하던지, 팔아 주는 것은 두 팩, 그냥 가지라니 한 팩을 갖겠다는 욕심 없는 마음들이 더없이 예뻤다. 몽글몽글 사랑이 피어나는 것 같아 감동했다.

나이 차이는 있지만 봉사하고, 양보하고, 나눔 할 줄 아는 이 모임(백 건 살).

백 살까지 아프지 말고 건강하게 오래오래 살아요.

2022년 9월

칠순 잔치

나의 칠순은 '너희 엄마 칠순하자' 하며 툭 던지듯 말한 남편의 한마디가 기정사실이 되어 진행되었다. 음력 12월이 생일이니 예년에는 항상 해가 바뀌어 양력 1월쯤이 되는데 올해는 윤2월이 들어 지난해(2022년)는 해를 넘기지 않고 생일이 되어 크리스마스 날 칠순을 하기로 아이들과 합의가 되었다.

남편을 처음 만났을 때 나이는 묻지도 않았고 막연히 동갑이거나 한 살 연상이라 생각했다. 시어머니가 궁합을 본다고 생년월일을 물었을 때도 내 나이만 말했을 뿐이지 남편의 나이는 물어보지 않았다. 아마 결혼하고 나서야 남편의 나이가 나보다 한 살 적은 것을 안 것 같다. 그 시절만 해도 흔하지는 않았다. 요즘은 연상연하 커플이 대세이지만 한 살 정도의 연상은 살아 보니 그리 나쁜 것 같지는 않다. 이 나이가 되어도 일을 하고 있으니 나이 덕을 보는 것 같기도 하니 말이다.

30~40년 전만 해도 때가 되면 환갑도 하고 칠순도 했다. 내 나이 30대 중반에 엄마는 환갑잔치를 했다. 엄마의 형부들이 "처제, 아직도 아가씨인 줄 알았는데 벌써 환갑이라니" 했던 소리가 생생하게 떠오른다.

그 시절에도 지금의 우리들 느낌과 비슷한 것 같았나 보다. 요즘은 장수시대, 백세시대의 세상이 오니 칠순 하는 것도 쑥스럽기만 하다. 언제 이렇게 나이를 먹었는지 실감도 나지 않는다. 아직은 건강도 자신할 만하고 마음은 청춘인데 나이만 먹었지, 칠순이란 말은 꺼내기도 싫었다. 그렇지만 가족이 있으니 혼자만의 의지대로 되는 게 아닌 것도 많다.

칠순은 큰딸이 운영하는 자그마한 카페에서 하기로 했는데 엄마는 아무 걱정 말고 오기만 하면 된다고 했다. 차라리 남편과 둘이서 여행을 떠났으면 자식들이 덜 힘들었을 텐데 하는 생각도 했다. 나이를 먹는다는 것은 축하 받을 일도 자랑할 일도 아닌데 오늘은 축하를 해 준다니 어쩌겠는가! 들어선 카페에는 벌써 축하객들이 와 있었다.

우리 직계가족과 친정 남동생들 내외, 사돈, 조카 커플인데도 홀은 꽉 찼다. 양면 벽에는 우리 부부와 손주들 사진 '인생의 주인공은 당신입니다' '꽃보다 아름다운 그대'란 글이 들어간 2개의 현수막이 걸려 있었다. 너무 좋아 나도 모르게 "와" 하며 어린애처럼 환호성을 질렀다.

음식도 푸짐했고 딸과 사위는 통기타를 치며 축가도 불러 주었다. 케이크 커팅도 했다. 큰딸이 준비한 검은색 작은 융단 박스를 여니 카네이션 한 송이가 들어 있었다. 꽃을 들어 보라 해서 꽃을 뽑았는데 현금이 줄줄이 딸려 나오는 이벤트도 했다. 남편과 아이들은 생각도 못한 큰돈을 축하금으로 주었다. 모두의 축하가 눈물 나게 고맙게 다가왔다.

친정 올케 셋은 황금 열쇠와 글이 들어간 감사패를 만들어 왔다. 감사패의 문구를 소리 내어 읽었지만, 그날은 그냥 고마운 마음만 가득했던 것 같다.

칠순을 지난 며칠 뒤 차분한 마음으로 감사패의 문구를 한 번 더 읽어 본 날이 있었다. 부끄럽기도 하고 얼굴이 화끈거리며 옛 생각이 떠올랐다.

친정 엄마는 돌아가시기 2년 전에 뇌출혈로 쓰러져 요양병원에도 계셨고 자식들이 돌아가면서 모셨다. 아들 넷과 며느리들이 무척 고생했을 것이다. 그 당시는 당연한 줄 알았고 딸 하나인 난 모르쇠로 일관하며 살았다.

그렇지만 아무도 딸자식인 나를 원망하거나 책임을 지운 일은 없었다. 그리고 금전적으로 도움을 준 적도 없었다. 엄마는 하나뿐인 딸이 행복하기만을 바랐지만, 기대에 못 미치는 딸이 되어 살아왔다. 돌아가시고 나니 더 이상 엄마를 보지 못한다는 생각과 서러움에 눈물만 보탠 것 같다. 조금 경제적 여유가 생길 때쯤에 엄마는 내 옆에 안 계셨다.

감사패

젊음은 숫자가 아니라 마음가짐이란 말처럼 늘
젊은 사람 안경환! 한 사람의 여자로서의 당당하고
멋진 당신의 삶에 존경과 감사를 보냅니다.
현명한 아내로, 어진 어머니로, 삶의 통찰력 깊은 수필가로
당신은 우리 모두의 마음속에 사랑과 존경의 대상으로
자리 잡았지요. 다가올 많은 날에도 건강과
밝은 미소가 늘 함께하기를 기도합니다.
– 당신의 가족이 되어 참 행복한 최영자 박향숙 강정아

감사패를 다시 읽으면서 올케들한테 딱히 잘해 준 것도 없고 받을 자격도 없는 내가 어찌나 염치가 없고 부끄럽던지 혼자서 반성하며 자책하였다. 상패를 받은 것은 엄마가 며느리와 딸을 편애하지 않고 골고루 사랑을 준 엄마의 공이 컸다는 생각을 했다. 올케들 생각에는 인성이라도 시어머니를 닮은 시누이를 높이 산 게 아닌가 하는 생각을 했다. 남은 세월 부끄럽지 않으려면 동생들과 올케들에게 좀 더 잘하고 화목하게 지내야겠다고 마음먹었다.

한 살 연하의 남편 칠순이 코앞에 와 있다. 좀 뜻있게 보내야 하는데 부담으로 느껴지는 것은 웬일일까? 받은 것을 도로 토해 내야 하나, 어떻게 해야 하나 생각이 많아진다.

매도 먼저 맞는 게 낫다고는 하지만 칠순 매는 아닌 것 같기도 하다.

2023년 3월

오십만 원

세월이 흐르면 먹기 싫어도 먹어야 하는 나이, 준비도 없이 할머니가 되었다. 처음 서울에 이사 와서 큰아이 하나 키울 때 아이 셋을 가진 친구를 보고 어떻게 셋을 키우느냐고 한 적이 있다. 막말은 하는 게 아니었다. 이제는 친손자, 외손주가 셋에 우리 식구가 모이면 11명이나 된다. 식구가 늘어나면 즐거움도 많고 걱정거리도 있게 된다. 둘째 딸과 사위가 워낙 여행을 좋아해서 두 아이들의 만삭 때도 해외의 유명한 미술관을 찾아 여행을 다녔다. 코로나가 뜸해지며 여행할 수 있는 나라를 검색하더니 올여름 방학을 이용하여 시어른들과 5살 3살 아이 3대 6명이 스위스로 출발했다. 좀 찜찜했지만 말릴 수 있는 상황은 아니었다.

인천공항에서부터 무사히 도착했다는 사진과 글이 가족 톡 방에 올라왔다. 3일째 오스트리아로 넘어 간다는 소식을 마지막으로 톡 방의 글을 읽지도 않고 소식이 끊겨 버렸다. 느낌이 이상

해서 큰딸한테 알아보라고 했더니 5살 가원이가 열이 40도가 넘어서 검사하니 코로나 양성반응이 나왔단다. 열은 내리지 않고 고생을 하는데 우리 딸도 양성 판정이 나와 아이와 함께 병원에 입원을 하고 다른 식구들은 호텔에 따로 생활하고 있다는 거였다. 딸이 머나먼 곳으로 여행 가서 입원을 했다니 엄마의 속은 새까맣게 타고 있었다. 국내에 있는 것 하고는 걱정 자체가 달랐다.

20일 만에 돌아왔는데 먹지도 못하고 고생을 하여 어른은 자동 다이어트가 되었고 아이들은 말라서 불쌍할 정도라 했다. 처음에 둘이 먼저 이탈리아의 병원에 입원하였고 나중에 식구들이 차례대로 코로나가 걸렸단다. 서로 격리되는 날짜가 달라 사위는 이틀이나 늦게 혼자 입국을 했다고 한다.

우리가 걱정하는 만큼 나쁘지는 않게 여행을 했단다. 다행이라 생각했다. 아이들은 입맛이 돌아와서 먹는 만큼 살이 오른다고 좋아했다.

사람은 눈을 감을 때까지 근심을 안고 살아야 한다고 했던가! 자식들 키울 때도 나름 힘들었지만 지나고 나니 행복했던 때가 더 많았던 것 같다. 내리사랑이라고 손주들에게 걱정할 일이 생기면 더 안쓰럽고 애틋하다. 또 손자의 성적표에 매우 잘함의 개수를 셀 때나 시험을 잘 봤다고 하면서 기분 좋은 소식을 전해오면 자식들보다 더 사랑스럽고 예쁘다.

둘째 딸과 사위는 미술을 전공했다. 아이 둘을 키우면서 내가 보기에 아이들이 저지레를 해도 혼내지도 않고 어찌나 후하던지

내가 안타까울 때가 많다. 가원이가 새로 도배한 벽에 낙서를 해도, 모래놀이를 하고 어질러 놓아도, 온몸에 크레파스를 칠하고 옷은 늘 물감 칠이 되어 있어도 혼내는 걸 본 적이 없다. 어느 날은 낮잠 자는 제 아빠의 얼굴에 대고 샤넬 립스틱이 닳아서 쓰지 못할 때까지 얼굴 전체를 빨갛게 칠한 적도 있었다. 이게 사랑인지 자율 학습인지 알 수가 없었다.

가끔 작은 종이에 낙서 같은 가원이의 그림을 냉장고나 방문 짝에 붙여놓기도 했다. 내 눈에는 그냥 평소 5살 또래의 그림이었다. 며칠 전 가원이가 그렸다며 그럴듯한 그림이 올라왔다. 가원이의 하나뿐인 이모(큰딸)가 그림에 반했다며 팔라고 했다.

어느 날 가원이가 캔버스를 설치해 달라고 했단다. 집에 가지고 있는 것은 실크로 된 비싼 거라서 없다고 하니 '엄마 작은방 거울 뒤에 있잖아' 했다는 거였다. 할 수 없이 내어 주었는데 '무지개 세상'이란 가원이의 1호 그림이 나왔다는 거였다.

이모가 탐을 내니 가원이 엄마(작은딸)는 농담처럼 100만 원이면 판다고 했다. 이모가 가원이랑 통화를 하면서 얼마면 되느냐고 물으니 50만 원이란 소리처럼 들려서 가격 결정이 났다고 한다. 작은딸은 팔지 않겠다고 했는데 어느새 사위가 그림을 표구집에 맡겨서 그림 형태를 갖추었다. 50만 원을 송금하고 그림을 받은 큰딸은 생각보다 훨씬 마음에 들었고 크기에 놀랐다고 한다. 어떻게 조그만 아이가 자기 키만큼 큰 그림을 그릴 수 있었는지 신기하다고 했다. 집에 걸려고 자리를 찾았는데 혼자 보기 아까워 여러 사람이 볼 수 있도록 사업장에 앤디 워홀 짝퉁그림을 내리고 그 자리에 걸었다고 한다. 그림을 볼수록 조카 가원이가 자랑스럽고 사랑스럽다고 했다.

이모와 조카와의 그림 거래를 보며 예전 일이 떠오른다. 대구에서 처음 서울 이사 와서 살 때 50만 원이면 방세 10달치가 되는 금액이다. 우리 아이들 유치원 다닐 때는 원비가 일 년치도 넘는 금액이기도 하다. 가원 엄마 미대 다닐 때 등록금이 부족한데 학자금 대출은 생각도 못하고 한 학기를 쉬게 한 일 등이 떠오른다.

돈의 가치는 떨어졌고 살기는 좋아졌지만 5살 조카의 그림 값 치고는 너무 큰 용돈을 준 것 같다는 생각을 해 본다. 자매와의 우애, 가족의 사랑 없이는 될 수 없는 일이다. 가끔 트로트 신동의 노래를 들으며 신통해 했는데 큰딸은 가원이에게 소녀 화가, 화가 신동이라며 힘을 실어준다. 몇 개월 전만해도 엄마 뜨위뜨(스위스) 싫어 우리나라 우리집에 가자고 했다던 가원이가 발음도 또렷해지고 많이 자랐다. 우리집에 놀러온 가원이가 그림을 그리겠다고 하면 할아버지는 달력 뒷장을 뜯어서 내어준다. 할머니 눈에는 투정 부리는 5살 아기일 뿐이지만 아무래도 좋다. 눈 먼 할멈이 되어도 좋다.

2022년 11월

인복(人福)

모바일로 부고를 받고 엉엉 울었다. 남편을 보낸 그녀와 통화를 하면서 눈물을 흘렸더니 그녀가 도리어 나를 달래고 있었다. 울지 마! 나도 울지 않잖아. 더 이상 아프지 않은 좋은 곳에 갔을 거야. 8년째 직장암을 앓다가 그녀의 남편 성 사장은 속세의 끈을 놓았다. 그녀가 말했다. 나도 할 만큼 했으니 후회는 없다고 했다.

35년 전 올해 43살 되는 큰아이가 유치원 다닐 때부터 알고 지내던 원아들 엄마들이 모임을 가지게 되었다. 처음에는 아이들을 유치원이나 학교에 보내 놓고 한 집에 모여 믹스커피를 타서 마시고 수다를 즐겼다. 차츰 시간 여유가 생기고부터는 명동에 있는 레스토랑에서 여섯 명이 매달 만나는 정식 모임을 가졌다. 그중 마음 맞는 몇몇은 바로 이웃에 살고 있으니 거의 매일 만났다. 큰 시장을 몰려다니면서 옷도 사고 반찬거리를 사들였다.

그때만 해도 엄마들은 아이들 키우고 살림만 하는 주부였다. 두 사람의 남편은 공무원, 네 사람의 남편은 자영업자였다. 엄마들은 젊었고 세상이 내 것인 양 크리스마스 파티, 망년회를 하는 날에는 마음껏 기분을 내며 30대를 즐겼다. 세월이 흘러 아파트를 분양 받아 떠나기도 하고 바깥일을 하는 주부가 되기도 하면서 그 동네를 떠나 뿔뿔이 흩어졌다. 그래도 모임은 열심히 했다. 세월이 흐르면서 매달 만나는 것을 두 달에 한 번, 어느 때부터인가는 일 년 중 가을, 봄 두 번씩 열두 명이 만나는 부부 모임이 되었다. 아이들이 커서 대학을 졸업하고 하나둘씩 결혼을 하게 되고 손자녀가 생기고 자연스레 할아버지 할머니가 되어갔다.

머리가 희어지고 주름이 늘어 가면서 아픈 사람이 자꾸만 생겨났다. 나이는 속일 수가 없다. 그녀는 엄마들 중에 유일하게 나랑 동갑이다. 그래서 무언가 잘 통했다. 모임이 있을 때는 일부러 차 한 대는 세워 두고 두 집이 같은 차를 타고 네 명이서 움직이며 속의 말도 나누었다. 맛집을 찾아다녔고 부부 모임을 하면서는 해외여행도 함께 다녀왔다. 어느덧 70줄에 들어선 그녀의 남편 성 사장은 아픈 몸을 이끌고 2년 전 팔당댐 근처에 있는 장어 집에서 만났다. 그게 부부 모임의 마지막이 되었다. 코로나라는 역병이 만남을 방해하는데 한몫하기도 했다. 한 사람의 아픔 때문에 전체가 흔들렸다. 건강은 아무리 강조해도 지나치지 않았다. 몇 해 전에는 성 사장과 또 한 분의 칠순에 맞추어 해외여행을 계획했다가 취소했다.

23년 전 98학번 큰딸이 k대 미대 의상디자인과에 합격했다. 입학금이 304만 원이었는데 예술대이다 보니 다른 과보다는 많은 금액이었다. 그 무렵 남편의 일은 잘 풀리지 않았고 수금이 안 되어 입학금 마련에 고심하고 있을 때였다. 그 당시 그녀는 을지로 지하상가에서 숙녀복 장사를 하고 있었다. 그녀도 2녀1남 아이들이 줄줄이 학교를 다니고 있을 때였다.

어느 날 가게에 들렀더니 하얀 봉투 하나를 내밀었다. 집에 와서 열어 보니 돈 십만 원이 들어 있었다. 그때는 꽤 큰돈이었다. 아무런 대가도 바라지 않았고 한 번도 그 돈에 대해 생색을 낸 적도 없는 그녀의 마음 씀이 정말 감동이었다. 마감 날 촌각을 다투며 입학금을 납부하였는데 그 돈도 입학금에 일조를 하여서 두고두고 고마운 마음을 가지고 살았다.

언젠가는 마음의 빚을 갚고 싶었다. 그것도 여의치 않았다. 성 사장이 아프다는 소식을 듣고 병원이나 집에 간다고 해도 한사코 거절을 했다. 아픈 모습을 보이기 싫다는 거였다. 조금 나아졌다는 기쁜 소식이 들렸다. 모임을 한다길래 맛있는 거 사드리라고 봉투를 따로 마련했는데 그 전날 갑자기 약속이 취소되어 그 뜻도 이루지 못했다.

살아서는 만나지도 못하고 마스크를 한 채로 장례식장에 왔다. 그녀를 위로하고 성 사장의 명복을 빌며 하얀 국화꽃 한 송이를 놓았다. 살아생전 두 쌍의 부부가 차를 타고 오가며 이런저런 이야기를 나누면 말도 없이 빙긋이 웃던 성 사장의 모습이 떠오른다. 이제 이 모임에는 11명이 남았다. 아마 이 길도 앞서거니 뒤서거니 따라갈 것이다. 몇 년 전만 해도 다들 건강해서 이렇게 만날 수 있으니 얼마나 좋으냐고 말들을 했는데… 삶이란 마라톤에 먼저 골인을 한 건지 저 먼 다른 세상에 스타트를 한 건지 아무도 모르긴 하지만….

가는 길에 생각하니 돈이 무슨 대수일까 마는 23년 전 신세진 게 생각났다. 평소 부의금보다 좀 더 넉넉하게 조의를 표했다. 말은 하지 않았지만 그때는 정말 눈물 나게 고마웠다고 속으로 뇌어본다.

동동걸음을 하며 바쁘게 살았고 힘들 때도 많았지만 지내놓고 나니 다행인 것은 우리 아이 삼 남매한테는 학자금 대출을 안겨 주지 않았다. 위기를 기회로 삼았고 열심히 살았다는 생각도 하지만 집을 늘릴 때나 급할 때면 누군가의 도움을 받았다. 비빌 언덕도 없는 서울 생활, 맨땅에 헤딩이었지만 그래도 살아 내었다. 지금 이렇게 살 수 있다는 것은 혼자서는 살 수 없었고 함께 더불어 살았다. 12명의 부부 모임도 대소사를 같이 챙기고 가끔 만나도 기뻐해 주고 슬퍼해 주며 서로에게 힘이 되었다. 이런 모임을 오랫동안 함께 할 수 있었다는 것도 난 참 인복이 많다고 할 수 있다. 이 나이가 되고 보니 이젠 받은 인복을 누군가에게 베풀어 인복의 의미를 느끼게 해 줬으면 하는 생각을 해본다.

2021년 3월

전복 여덟 마리

퇴근을 하고 옷을 갈아입기도 전인데 핸드폰이 울렸다. 밤 9시에 오는 전화는 살짝 걱정이 앞서는 전화다.

"언니, 나야 상미." 반가운 마음에 앞서 이 시간에 무슨 일이냐고 물어보았다. 진도에 내려간 상미는 가벼운 치매가 온 시어머니를 모시고 있다. 좋지 않은 일이라도 생겼을까 생각했는데 그건 아니었다.

15년 전 기대 반, 걱정 반인 마음으로 처음 가게를 열었다. 상미는 그때 손님으로 와서 알게 되었다. 가게를 들락거리는 수많은 사람들을 상대해서 대화를 나누고 알게 되지만 스쳐간 인연도 있고 오래도록 이어가는 인연도 있다. 그중의 한 사람이 상미다. 고향은 부산이었다. 신혼 때 사고로 남편을 보내고 혼자 살고 있다는 상미는 어렵게 과거 이야기를 내게 들려주었다. 핏덩이 아들을 안고 몸부림치며 울어도 살아갈 길이 막막했다. 지쳐

있을 무렵, 먹고 살 만한 자식 없는 시숙 내외가 아들을(조카) 키우겠다고 데려간 뒤로 연락 없이 살고 있다고 한다. 소설 속에서나 있는 줄 알았는데 듣는 내내 실제 자식을 보낸 생이별의 아픔이 가슴 절절히 전해왔다. 아픔을 참고 상미는 씩씩하게 살아내고 있었다. 나를 만났을 때는 20년 정도의 세월이 흘렀고 죽을 만큼의 아픔은 지난 뒤였다.

솜씨 좋은 상미는 가끔 반찬을 해서 가게에 가져오기도 하고 내가 좋아하는 생굴을 통영에서 택배로 받아 나눠먹기도 했다. 자연스레 상미는 나를 언니라며 따랐다.

어느 날 사랑에 빠졌다고 한 남자를 데리고 나타났다. 건축일을 한다고 소개를 했는데 검게 그을린 얼굴, 몸집 좋고 투박한 손, 마음씨 좋은 이웃집 아저씨 같은 인상을 풍겼다. 둘은 살림을 합치고 재혼을 했다.

남자의 이혼한 전처의 아들 결혼 때 그토록 혼주 자리에 앉고 싶어 속앓이를 할 때 많이도 달랬다. 재혼한 남자가 경북 구미에 집을 지어 분양 한다고 하면서 따라 내려갔다. 객지에서 만난 사람은 떠나면 끝이라는 생각이 들었는데 그건 기우였다.

서로 바쁘게 살다가 잊을 때 쯤이면 소식을 전해오곤 했다. 또 몇 년이 흐르고 구미에서 식당을 열었다고 연락이 왔다. 관공서나 단체 손님을 받을 수 있는 구미에서는 하나뿐인 대형 식당이라고 했다. 잘됐다고 축하해 주었다.

대구에서 일을 마치고 시간이 남아 서울로 올라오는 길에 상미에게 전화를 했더니 구미에 꼭 들러 가라고 했다. 부부는 진정으로 우리들을 반갑게 맞아 주었다. 일요일은 유일하게 하루 쉬는 날인데 산에 갔다가 급하게 내려와서 일부러 식당 문을 열었다고 했다. 식당은 넓고 인테리어도 잘해 놓았다. 주 메뉴는 해신탕이었다. 갖은 약재를 넣어 달인 물에 닭, 전복, 낙지를 넣어 끓인 것이 최고의 보양식인 해신탕이다.

우리가 도착하니 큰 냄비에 먹음직스런 해신탕이 금방 나왔다. 상미 대신 남편이 해신탕을 앉혔다고 했다. 우리 일행은 남편과 남편 친구 셋이었다. 먹으면서 해신탕의 이야기를 들었다. 상미 남편의 고향인 진도에서 매일 공수해 온 자연산 전복과 낙지라고 설명했다. 그만큼 귀한 것이었다. 생각 없이 전복을 먹는데 냄비 속에서 먹어도 먹어도 자꾸만 전복이 나왔다. 상미가 남편에게 전복 몇 마리를 넣었느냐고 물었다. 8마리라고 대답하며 싱긋이 웃는다. 원래는 손님에게 1마리씩 돌아가게 하는 것을 8마리나 넣었다니 모두가 웃음이 터졌다. 남편은 워낙 언니 이야기를 많이 들어서 귀한 손님 접대를 한 것이라고 했다. 투박스럽게 보였던 상미 남편은 전복 속속들이 정을 듬뿍 담고 있었다. 전복 8마리 때문에 분위기가 더 화기애애해졌다.

귀한 대접을 받고 서울에 와서 답례로 선물을 보냈다. 얼마 뒤 코로나로 힘들어 하더니 식당을 접고 진도 시집에 내려갔다고 했다. 서울 살 때 따놓은 요양 보호사 자격증이 이렇게 유용하게 쓰일지 몰랐다고 좋아라했다. 시어머니와 이웃에 사는 큰어머니를 요양하고 있다고 했다. 다행히 시어머니는 귀여운 치매라며 며느리가 일부러 시키는 나물 다듬기, 생선 고르기 이런 것들을 깔끔하게 잘하신다고 했다.

4월 20일부터 바다가 갈라지는 바다축제가 열리는데 언니를 꼭 초대하고 싶다고 전화를 했던 거였다. 5월에 한 번 가겠다고 대답했다. 부산 처자가 호남 진도에 가서 치매 시어머니 모시고 조신하게 생활하고 있는 상미가 대견스러웠다.

이 글을 쓰면서 가슴에 묻어 둔 어릴 때 헤어진 아들 이야기를 조심스레 물어보았다. 몇 년 전 아들이 먼저 경찰서에 의뢰해 엄마를 찾아왔단다. 현재 38살이 된 아이와 가끔 만난다고 했다. 내 일처럼 기뻤다. 다음에 진도에 가면 밤새워 긴 이야기 나누어야겠다.

요즘은 옛 추억을 자주 소환하게 된다. '몸무게보다 추억이 무거워지면 먹을 만큼 먹은 나이'라는 말이 떠오른다.

2023년 4월

정체성

사람들은 만나면 흔히들 좋아하는 게 무엇이냐? 취미가 무엇이냐고 묻는다. 크는 아이들한테는 좋아하는 과목이 무엇인지 앞으로 무엇이 되고 싶으냐고 물어본다. 자식이나 손자들에게는 기대하는 것도 많았고 자신들이 좋아하는 것을 하라고 권했다. 그렇지만 정작 나는 한 번도 무엇이 되겠다는 생각을 한 적이 없는 것 같다. 뚜렷한 목표나 계획도 없이 살아온 것 같은 생각이 드는 요즘이다. 어쩌다가 50대 후반에 글쓰기를 배웠고 글은 쓰고 있지만 걸작을 기대하기도 어렵고 가끔은 한계를 느끼기도 한다.

멍 자를 붙여 모닥불을 보면 불멍, 물을 보면 물멍, 사물의 이름 뒤에 멍 자를 붙이는 캠핑족의 신조어가 되어버린 멍 때린다는 멍이 요즘 유행이다. 어찌 보면 평소의 모든 것을 내려놓고 한가하게 여유를 즐기는 것 같아 멍 때린다는 것이 좋아 보이기

도 한다. 난 멍 때리는 게 잘 안 된다. 바쁘게 살아서인지 손에는 늘 무언가가 쥐어져 있다. 생각해보면 뜨개질은 어릴 때 엄마한테 배웠고 중학교 가정시간에는 동양자수, 십자수. 아플리케자수, 단추구멍 만들기 같은 것을 배웠다. 그때 배운 것들이 살아가면서 응용도 하고 많은 도움이 되었다. 가정 점수는 필기와 실기 늘 만점이었다. 잘 모르는 친구들은 동적으로 보이는 날 보고 가정 선생님이 날 예뻐해서 좋은 점수를 주었다고 하기도 했다.

부모에게 좋은 재능을 물려받았지만 쓸 줄을 몰랐다. 창작을 하고 개발을 했다면 더 잘되지 않았을까 하는 생각이 이 나이에서야 드는 걸 보니 이제 철이 나는 걸까? 겨울 방학이 시작되어 동지(冬至)가 지나고 크리스마스이브 날 밖에는 하얗게 눈이 소복소복 쌓이고 있었다. 아버지가 대구에 출장을 다녀오시면서 가정 시간 과제물로 사 오신 새하얗고 도톰한 옥스포드지를 방바닥에 펼쳐 놓았다. 친구들과의 크리스마스 약속도 잊은 채 연보라, 진보라색 실로 한 올 한 올 시간 가는 줄도 모르고 수를 놓았다. 나무 형상을 한 보라색 나무들이 가로수가 되어 치마 밑단에 줄지어 섰다. 엄마는 재봉틀로 무릎 길이의 항아리치마로 완성시켜 주셨다. 하얀

치마에 노란 민소매 옷을 맞춰 입고 다녔던 기억도 떠오른다. 큰 아이 하나일 때는 니트 옷을 뜨개질해서 입히고 재봉틀에 옷도 만들어서 입혔다. 그때가 그립기도 하다.

지난해에는 검정 고무신에 꽃그림을 그려 선물도 하고 판매도 하였다. 잠재된 능력이 내게도 있었나 보다 하고 놀라워하기도 했다.

어느 날 갑자기 지인이 입은 검정 패딩 옷에 놓인 자수가 보이기 시작했다. 내 눈에 꽃이 들어왔다. 목에 걸린 면 목도리를 풀어서 한 땀 한 땀 녹색 줄기와 잎, 빨간 꽃을 수놓았다. 빨간 카네이션이 면 목도리에서 피어났다. 오랜만에 느끼는 희열이었다. 내 손은 예전의 그 자수를 기억하고 있었다. 며칠 전에는 보카시(두 가지 이상의 색이 섞인) 실을 사서 모자를 뜨개질하였다. 가게에 진열하였더니 손님이 너무나 만족해하며 사서 쓰고 나갔다. 글을 쓰는 오늘도 봄이 오는 계절이라고 핑크색이 들어간 모자를 짜 놓았더니 손님이 안성맞춤이라고 고마워하며 사 가지고 갔다. 정말 뿌듯한 날이었다. 세상에 하나밖에 없는 모자! 내 모자가 누군가의 머리 위에서 예쁨을 받는다.

유럽을 여행할 때였다. 작은 가게를 지키면서 할머니들이 손에는 늘 무엇을 만들고 뜨개질하는 것을 흥미롭게 본 적이 있다. 보는 것도 좋았고 부러웠던 기억이 난다. 손으로 만들어 낸 제품은 핸드메이드라고 값어치를 따지면 기계에서 일률적으로 만들어 낸 것에 비해 희소가치가 있다며 몸값을 높이고 선호하는 사람이 많다. 세상은 급격히 변하고 있다. 젊을 때는 우리나라 할머니들이 일하는 것이 보기 좋지 않았다. 그렇지만 서양의 할머니들은 큰 코에 돋보기를 걸치고 작은 가게에 앉아 장사를 해도 예외로 보인 것은 문화가 달라서였을까? 장수 시대, 고령화 사회가 되어 하루가 다르게 세상은 변하고 있다.

나도 이제 쪼그리고 앉아 손뜨개 하는 유럽의 할머니들처럼 나이가 들었다. 그렇지만 아직은 바늘귀도 돋보기 없이 꿰고 대바늘, 코바늘도 자유자재로 쓸 수 있으니 복 받은 게 틀림없다. 젊을 때는 음식을 대충해 먹었는데 나이 들면서는 요리하는 재미도 쏠쏠하다. 이제 창업은 쉽지 않지만 조그만 내 가게도 있으니 더 이상 무엇을 바랄까마는 오늘 따라 내 안의 정체성은 바로 여성 여성 하는 거였다는 생각도 든다. 그동안 남에게 보이고 재단하는 대로 모르고 살아왔다. 몇십 년 동안 나를 잊어버리고 돈만 좇아 온 게 아니었나 하는 생각을 해 보았다.

이젠 늦었지만 가끔 멍도 때리고 나의 정체성을 찾아 좋아하는 것을 해 보는 여유도 가져야겠다.

2022년 3월

pen
INTERNATIONAL

글로서 인생의 의미를…

어린 시절 내가 기억하는 엄마의 모습은 늘 책을 읽는 모습이었다.

'엄마의 삶에서 책이 주는 위안은 무엇이었을까' 생각해 보게 되었을 즈음엔 나도 엄마가 되었고, 바쁘고 분주한 일상에서 나 역시도 잠시나마의 휴식을 독서에서 찾고 있었다. 삶은 누구에게나 다르게 다가오고 다른 의미를 지니게 되는 것이지만 엄마는 글에서 위안 받고, 글로 이야기하며, 글로서 인생의 의미를 만들어 가신 건 아닐까 생각해 본다. 엄마의 삶을 단편적으로 이해하는 첫 번째 책이 출간되었을 때 잔잔한 감동과 내가 알지 못했던 엄마의 시간은 글을 통해 이해하기도 하였다.

'엄마와 딸로 만났지만 서로를 얼마나 이해할 수 있었을까?'

분명 엄마와 나의 시간은 다르게 흘러갔고, 다른 시간을 가졌으며, 다른 행복과 고통을 느꼈을 것이라 생각했다. 하지만 나는 그 어떤 작가의 작품을 읽었을 때보다 엄마의 글이 즐거웠고, 공감했고 감동받고 있었다. 엄마는 수필은 개인적 글이므로 독자도 한정적이라고 말씀하셨다. 하지만 글을 통해 인생을 이해하고 내 자신을 알아가는 많은 사람들은 수필이든 소설이든 상관없이 영향을 받고 있지 않을까 생각해 본다.

이 책도 보다 많은 사람에게 즐거움과 슬픔, 기쁨과 감동을 주기를 바라본다. 내가 가장 존경하는 우리 엄마가 더 많은 사람들에게 영향을 줄 수 있는 분이 되기를….

2023년 8월 5일

- 안경환 작가의 둘째 딸 곽유정

국제PEN한국본부
창립70주년기념 산문선집 06

엄마가 변했어요

발행일 2023년 8월 25일

지은이 안경환

발행인 강병욱
발행처 도서출판 교음사

03147 서울 종로구 삼일대로 457 수운회관 1308호
Tel (02) 737-7081, 739-7879(Fax)
e-mail : gyoeum@daum.net
등록 / 제2007-000052호

* 잘못된 책은 바꿔 드립니다. 값 13,000원

ISBN 978-89-7814-937-2 03810

- 이 도서는 한국예술인복지재단 창작준비금을 지원받아 제작되었습니다.